『두 증인이 온다』,『마지막 기독교』의 저자 위트니스 오 교수의

밧모섬에서 바라본
황금의 집

위트니스 오 지음

   도서출판 밀알서원

도서
출판 **밀알서원**

밀알서원(Wheat Berry Books)은 **CLC**가 공동으로 운영하는
복음주의 출판사로서 신앙생활과 기독교문화를 위한
설교, 시, 수필, 간증, 선교·경건 서적 등을 출판하고 있습니다.

The Golden Temple Seen at Patmos Island

Written by
Witness Oh

Korean Edition
Copyright © 2016 by Wheat Berry Books
Seoul, Korea

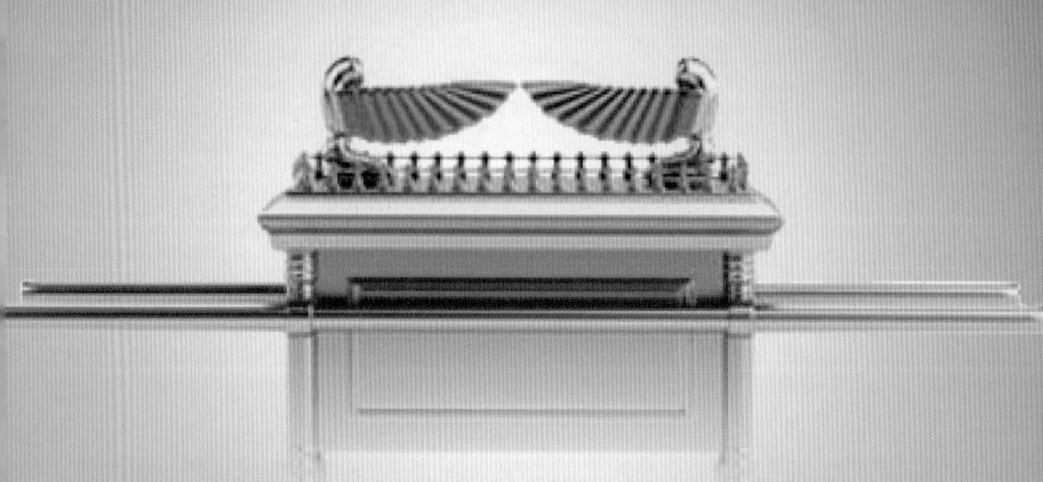

The Golden Temple Seen at Patmos Island

CONTENTS

저자 서문 - 8

| 제1부   성막과 종말론적 영성 _ 13

제1장 | 성막 - 종말론적 영성의 설계도면 _ 14

제2장 | 성막짓기 - 성경적 재정의 영성 _ 30
    1. 금 송아지인가? 하나님의 영광인가?
    2. 성경적 재물관과 하나님 나라
    3. 하늘의 상급을 구하라

| 제2부   성막의 뜰에 계시된 영성 _ 45

제1장 | 성막의 문 - 구원과 그 완성 _ 49
    1. 구원의 문이 열리다
    2. 구원의 문이 닫히다

제2장 | 번제단 - 순교자적 영성의 세계 _ 63
    1. 번제단 - 십자가의 영성
    2. 번제단 - 순교자의 영성

제3장 | 물두멍 - 영적 투쟁과 승리 _ 81
    1. 물두멍 - 홍해바다의 승리를 기억하라
    2. 물두멍 - 최후의 승리를 바라보라

| 제3부 | 성소 – 하나님의 군대, 말씀 그리고 기도의 세계 _ 97

제1장 | 금 촛대 - 하나님의 군대 _ 101

  1. 교회여, 빛을 회복하라
  2. 교회여, 성령의 능력을 회복하라

제2장 | 떡상 - 하나님의 말씀 _ 122

  1. 예수님을 먹고 마셔라
  2. 말씀을 먹고 마셔라
  3. 진리를 먹고 마셔라

제3장 | 분향단 - 놀라운 중보기도의 세계 _ 139

  1. 중보기도 - 보좌를 움직이는 근원
  2. 중보기도 - 거룩한 능력의 영성

제4장 | 제사장 - 하나님 나라의 영성 _ 153

| 제4부 | 지성소와 하늘 영성의 세계 _ 161

제1장 | 대제사장 - 새 하늘과 새 땅의 비전 _ 162

제2장 | 휘장 - 십자가 앞에 서는 영성 _ 170

제3장 | 불기둥 - 순종과 능력의 영성 _ 180

제4장 | 언약궤 - 궁극적인 승리의 영성 _ 186

    1. 아, 속죄소
    2. 언약궤 - 마지막 승리와 구원의 영성

제5장 | 지성소 - 예배, 친밀감 그리고 선지자적 영성의 세계 _ 196

    1. 지성소 - 예배의 영성
    2. 지성소 - 친밀감 그리고 선지자적 영성

제6장 | 기도 여행 - 주께로 나아가는 영성 _ 207

| **제5부** | **성막 – 초월적인 그러나 균형잡힌 영성의 세계 _ 217**

제1장 | 주님의 임재 _ 218

제2장 | 삼위일체적 영성 _ 222

제3장 | 균형을 추구하는 영성 _ 229

이 책을 마치며   -   237

저자 서문

위트니스 오 박사
쉐퍼드신학대학 성경신학 교수

황량하고 메마른 광야 위에 거룩한 하나님의 집이 있다네.
화려하게 지으신 궁정은 아니지만
왕들의 부귀와 영화가 넘치는 그런 곳은 아니지만
하나님의 집, 성막은 여전히 그곳에 있다네.

눈물과 한숨 많은 곳, 슬픔과 비애와 고독이 넘쳐 나는 곳,
끊임없는 불평이 터져나오고 도무지 만족함이 없는
이스라엘 가정들
그 가운데 황금의 집이 있다네.

불순종과 우상숭배의 어두운 그림자가 칼날처럼 할퀴고 떠나간

그 자리, 죄악의 쓰라린 상처만이 깊은 골짜기처럼
움푹 패인 거치른 삶의 한복판, 이스라엘 천막집 각 가정 위에
치유와 회복을 기다리는 그 백성들 가운데
영광으로 빛나는 성막, 황금의 집이 있다네.
메마르고 따가운 사막바람이 오늘도 삶의 고뇌처럼 스치고
지나가지만, 석양노을이 붉게 물든 하나님의 집 언저리엔
그분의 긍휼하심이 황금빛으로 따뜻하게 다가와 스며 있다네.

영원히 살아계신 그분의 구원하심의 손길이
흩어져 사라질 인생들 위에 불기둥과
구름기둥으로 함께 있다네.

하나님의 영광이 넘쳐나야 할 바로 그 백성들 위에
언제나 인간과 함께 있고 싶어 오늘도 성막은 그곳에 있다네.

이스라엘 백성들은 그들의 진 가운데 존재했던 성막을 바라보면서 두려움과 동시에 큰 위로와 소망을 느끼고 살아갔다.
때로는 하나님의 임재 때문에 삶에 있어서 위로를, 때로는 하나님의 거룩한 영광 때문에 깊은 두려움을 간직하며 그들은 살아갔다.
우리들은 어떤가?
마지막 시대를 살아가는 우리들의 삶은 어떤가?
우리들의 사역은 또 어떠한가?

우리들은 하나님의 영광에 대해 어떻게 생각하는가?

저와 여러분은 그분께서 함께하심에 대해 어떻게 느끼고 있는가?

우리들은 예수 그리스도에 대해 어떻게 생각하는가?

우리들에게 그분은 두렵고 떨리는 분으로 느껴지는가?

아니면 끝없는 사랑의 주님으로 다가오는가?

좌절하고 절망하고 상처받고 흐느적거리는 바로 저와 여러분의 삶의 한가운데 주님은 어떤 분으로 다가오는가?

그분은 사랑의 하나님인가?

아니면 그분은 공의와 거룩함으로 심판하시는 하나님인가?

죄많은 이스라엘 가운데 거룩하신 하나님이 그들과 함께하시길 원하셨다.

그들을 때로는 위로하시고 때로는 징계하시며, 이스라엘 백성들을 그분의 거룩함 가운데로 초청하셨다. 하나님이 모세를 통해 이 성막을 짓게 하신 이유는 무엇인가?

성경은 이렇게 기록한다.

내가 그들 중에 거할 성소를 그들이 나를 위하여 짓되(출 5:8).

하나님이 죄와 상처투성이인 이스라엘 백성들의 삶 가운데 함께하시길 선택하시고 그것을 기뻐하셨다. 그것이 바로 성막, 존귀한 왕의 궁전이다.

만왕의 왕으로 오신 주님이 죄많은 우리들 가운데 동행하시기를 선택하시고 기뻐하시는 이유이기도 하다.

하나님이 광야에서 이스라엘 가운데 성막 가운데 거하셨고, 예수 그리스도께서는 성육신 하신 모습으로 1세기의 팔레스틴 땅에 거하셨다(요 1:14).

그리고 장차 예수님은 다시 오실 하나님으로 성부 하나님과 더불어 영원한 새 예루살렘에서 우리와 영원히 함께 거하실 것이다.

> 내가 들으니 보좌에서 큰 음성이 나서 이르되 보라 하나님의 장막이 사람들과 함께 있으매 하나님이 그들과 함께 계시리니 그들은 하나님의 백성이 되고 하나님은 친히 그들과 함께 계셔서 모든 눈물을 그 눈에서 씻기시매 다시 사망이 없고 애통하는 것이나 곡하는 것이나 아픈 것이 다시 있지 아니하리니 처음 것들이 다 지나갔음이러라(계 21:3-4).

본인이 성막의 영성을 밧모섬에서 읽을 수밖에 없는 이유가 바로 여기에 있다.

성막의 궁극적인 완성이 바로 새 하늘과 새 땅이기 때문이다.

따라서 성막에 대한 묵상은 이 땅에 오신 우리 주 예수 그리스도를 알 수 있는 십자가의 신학뿐만 아니라, 다시 오실 주님의 재림 사건까지 예고하는 종말론적 영성의 세계도 포함하고 있다.

나는 오직 예수님만을 사랑하는 독자들이 이 종말론적 성막의 영성과 메시지를 잘 이해할 수 있도록 이야기를 중심으로 풀어내고 싶었다. 모쪼록 이 책이 성막에 대한 성경적이고도 더 풍성한 진리의 세계로 인도하는 작은 디딤돌이 되기를 기도하면서, 이 책을 변함없는 기도의 동역자인 조세자 사모와 사랑하는 네 자녀, 대니엘과 조셉, 그리고 그레이스와 모세에게 바치고 싶다.

영적 밧모섬에서

제1부

성막과 종말론적 영성

또 내가 새 하늘과 새 땅을 보니 처음 하늘과 처음 땅이 없어졌고 바다도 다시 있지 않더라 또 내가 보매 거룩한 성 새 예루살렘이 하나님께로부터 하늘에서 내려오니 그 준비한 것이 신부가 남편을 위하여 단장한 것 같더라 내가 들으니 보좌에서 큰 음성이 나서 이르되 보라 하나님의 장막이 사람들과 함께 있으매 하나님이 그들과 함께 계시리니 그들은 하나님의 백성이 되고 하나님은 친히 그들과 함께 계셔서 모든 눈물을 그 눈에서 닦아 주시니 다시는 사망이 없고 애통하는 것이나 곡하는 것이나 아픈 것이 다시 있지 아니하리니 처음 것들이 다 지나갔음이러라(계 21:1-4).

제 1 장

성막 – 종말론적 영성의 설계도면

그러므로 형제들아 우리가 예수의 피를 힘입어 성소에 들어갈 담력을 얻었나니 그 길은 우리를 위하여 휘장 가운데로 열어 놓으신 새로운 살 길이요 휘장은 곧 그의 육체니라 또 하나님의 집 다스리는 큰 제사장이 계시매 우리가 마음에 뿌림을 받아 악한 양심으로부터 벗어나고 몸은 맑은 물로 씻음을 받았으니 참 마음과 온전한 믿음으로 하나님께 나아가자(히 10:19-22).

한 눈에 보는 성막

이야기 속으로 1

오늘도 이스라엘 백성들이 거주하는 장막으로 만든 각각의 집에서는 여러 문제가 그칠 새가 없었다. 끝도 없는 광야의 길이 연약함과 고통 가운데 걸어가는 고달픈 인간들의 삶을 대변이라도 하는 듯, 가나안 땅을 향해 가는 바로 그 노정에 놓여있는 이스라엘 진중에서는 갈등과 문제들이 마치 아침안개처럼 끊임없이 피어오르고 있었다. 여전히 아픔과 미움과 증오, 그리고 삶의 단조로움으로부터 파생되는, 심리적이고 영적인 복잡한 문제들이 서로 얽히면서 그들은 나아가야 할 올바른 방향을 이미 상실하고 있었다.

이스라엘은 성막을 중심으로 열두 지파 중 세 지파는 동쪽에, 세 지

죄인들을 초청하는 성막의 문

파는 서쪽에, 세 지파는 남쪽에, 그리고 나머지 세 지파는 북쪽에 위치했다. 유다지파에 속한 스엘의 가정에서도 예외 없이 오늘도 갈등이 계속되고 있었다.

아내를 무시하는 남편 르엘, 그리고 가장 강력한 유다지파에 속해 있다는 그 자체만으로도 늘 자랑스러워 했던 남편 르엘의 자존심을 언제나 숨 쉴 여지없이 마구 짓밟아 놓는 아내 사래, 그 애증과 죄악된 본능으로 가득 찬 부부싸움의 틈바구니 속에서 고민하던 어린 스엘은 집 밖을 그만 뛰쳐나오고 말았다.

설명하기 힘든 내면의 분노와 답답함을 간직하고 이스라엘 진중을 몇 바퀴 뛰어다니던 스엘의 이마에 어느덧 땀방울이 송글송글 맺혀있었다. 턱까지 올라온 가쁜 숨을 몰아쉬며, 스엘은 약간 경사진 언덕에 풀썩 주저앉았다. 그리고 그윽하게 눈을 들어 앞을 쳐다보았다.

그 순간, 이스라엘 진 가운데 위치하고 있는 황금의 집, 성막의 모습이 눈에 강하게 들어왔다. 그곳 번제단에서는 이스라엘 백성들의 죄를 태우는 검붉은 연기가 번제단에 올려진 짐승의 고기조각들로부터 끊임없이 흘러나와 하늘을 향해 솟구치고 있었다.

바로 그곳에 거룩하신 야훼 하나님이 임재해 계셨다. 그 순간, 상기된 얼굴빛으로 스엘은 본능적으로 이렇게 외치기 시작했다.

"오! 하나님. 우리의 죄를 용서하소서. 우리의 가정을 치유하여 주세요…"

위의 모습은 바로 우리들의 부인할 수 없는 현실이기도 하다.

주일날 수많은 신자가 총총걸음으로 교회를 찾아 주님께 예배를 드리지만, 여전히 아픔과 숱한 상처들과 숨겨진 죄악 때문에 남몰래 고민하며 자신들의 연약한 모습 때문에 고통받고 있다.

용서의 의미를 알면서도 그렇게 쉽게 용서할 수 없는 것이 솔직한 우리의 본 모습이다. 말씀을 묵상하고 열심히 기도하기도 하지만, 어느새 우리는 말씀대로 살지 못하고 넘어져 있다.

우리 자신이 그렇게 갈망하고 소망하는 거룩한 모습은 우리와 전혀 상관이 없는 기도 제목으로만 남아 있고, 연약해서 넘어진 우리 자신의 모습에 어느새 분노가 치밀어 오르곤 한다.

성령의 충만함을 받는 것이 아니라, 세상적 유혹의 벽에 부딪혀 더 죄를 짓는 듯한 우리의 모습에 스스로 소스라치며 놀라고 있지는 않는가? 도무지 이겨낼 수 없는 듯한 강한 자아상과 죄악의 권세 앞에서 우리의 심령은 이렇게 부르짖고 있다.

> 오, 하나님, 언제까지입니까? 언제까지 이렇게 살겠습니까?
> 우리가 언제나 주의 말씀대로 온전히 순종할 수 있습니까?
> 어떻게 살아야 하고, 어떻게 말씀대로 삶을 살아내겠습니까?
> 어떻게 이 죄악된 세상에서 주님의 자녀답게 승리하며 살아가겠습니까?

여러분도 아시다시피, 사도 요한이 기록한 요한계시록은 새 하늘과 새 땅에 대한 환상으로 끝나고 있다. 이 새 하늘과 새 땅이야말로 이 땅에서 오고 가는 모든 세대의 신자들이 간직했던 바로 그 소망이요 비전이다.

성막을 중심으로 생활했던 모세 시대의 유대인들의 궁극적인 희망도 그리스도 안에서 이루어질 영원한 천국에 있다. 새 예루살렘성은 인간의 죄와 허물이 치유 받는 곳이다. 신자들의 고통과 눈물과 연약함이 완전히 회복된 곳이다.

사탄과 악의 권세마저 영원한 불못으로 멸망당한 곳이다. 신자 된 우리들의 영혼이 새로운 부활체를 입고 주님의 보좌 앞에서 영원한 소망과 기쁨 가운데 그 영광을 충만하게 누리게 될 곳이다.

요한의 계시록을 읽었던 당시의 소아시아 일곱 교회의 신자들도 이 약속의 비전을 간직했다. 그리고 이 비전 때문에 그들을 박해했던 로마제국에 대항하여 기꺼이 순교의 피를 흘리고 죽어갔다. 지금 천국에 있는 모든 성도들의 소망도 바로 새 예루살렘성이다. 그들 또한 장차 이 거룩한 성으로 들어가 살게 될 그 영원한 입주를 지금도 기다리고 있다.

우리들도 마찬가지다. 고통받는 이 세상 속에서 때로는 좌절하고 절망한다. 그러나 우리가 흐르는 눈물을 닦고 눈을 들어 하늘을 보며 그리스도 안에서 소망을 갖는 이유가 있다. 바로 우리들에게도 영원한 새 하늘과 새 땅이 약속되어 있기 때문이다. 그리고 이 약속은 우리 주 예수 그리스도의 재림 사건으로 이루어진다.

성막은 우리 주님의 십자가가 살아 숨 쉬는 곳이다.

성막의 문과 번제단, 물두멍과 성소

그리고 이곳은 십자가 너머 우리 주 예수 그리스도의 다시 오심의 경륜도 복합적으로 그려진 하나님의 신비로운 설계도면 그 자체였다. 따라서 성막은 예수 그리스도의 다시 오심을 준비하는 마지막 세대를 향한 살아있는 영성으로 꿈틀거리는 곳이기도 하다.

이 성막에는 그리스도의 십자가를 통해 계시된 하나님의 뜨거운 심장이 담겨있을 뿐만 아니라, 새 하늘과 새 땅의 비전까지 역동적으로 살아 숨쉬고 있다. 바로 마지막 때를 살아가는 영성의 세계이다. 이제 이 성막의 기본적인 구조부터 함께 살펴보자.

성막의 입구인 동쪽 문을 통과하면 곧바로 번제단이 눈에 보인다. 이곳은 하나님께 제사를 드리는 곳이며, 짐승들을 태우는 곳이다. 그 번제단 뒤쪽에 물두멍이 존재한다. 제사장들이 성소에 들어가기 전에 손과 발을 깨끗하게 씻는 곳이다. 성소는 크게 두 개의 구조로 되어 있다. 즉 성소와 지성소이다. 성소 안에는 세 가지의 거룩한 기구가 놓여 있는데 바로 금 촛대와 진설병상(떡상)과 금향단(분향단)이다. 성소와 지성소에는 휘장(Curtain)이 항상 쳐져 있다.

첫째 휘장은 성막뜰에서 성소 안으로 들어가는 입구에 해당하며, 둘째 휘장은 성소 안에서 지성소로 들어가는 입구에 해당한다. 이 둘째 휘장 뒤에는 언약궤(법궤 또는 증거궤)가 안치되어 있으며, 우리는 그곳을 지성소라고 부른다. 이곳에는 대제사장만이 이스라엘 백성들의 죄를 속하기 위해 일 년에 하루만 들어갈 수 있는 곳이다.

언약궤 속에는 돌판(십계명)과 아론의 싹난 지팡이와 만나항아리가 들어있다. 바로 이 지성소가 거룩하신 야훼 하나님이 임재해 계시는 지극히 거룩한 곳이었다. 그리고 이 지성소 바로 위, 성막지붕 위에는 그 하나님의 임재의 상징인 불기둥과 구름기둥이 존재해 있었다.

이 성막의 구조는 솔로몬성전이나 스룹바벨성전-예수님 시대의 헤롯성전(제2의 성전)의 골격을 이루며 이어진다.

성막은 하나님이 인간과 동행하시기를 선택하셨던 이스라엘 역사를 단적으로 말해주고 있다.

아담과 하와가 범죄한 이후에도 하나님은 창조된 인간들과 늘 교제하기를 원하셨다. 특히 선택받은 하나님의 백성들 가운데 임재하기를 그분은 기뻐하시고 홀로 영광을 받으셨다. 노아나 아브라함 같은 족장들은 개인적인 돌제단을 쌓고 하나님을 경배했으며, 모세 시대에는 이스라엘 열두 지파 가운데 성막을 짓게 하시고, 하나님은 그분의 영광을 그분의 선택된 백성들에게 보여주셨다.

성막은 하늘에 있는 하나님의 보좌와 그 모양을 따라 하나님 자신의 영광을 위해 지어진 성소로서(히 8:5-6), 이 성소는 이스라엘 백성들이 출애굽 이후 광야 시대부터 가나안 땅에 정착할 때까지 이스라엘 신앙의 중심지로 존재했다. 이스라엘 백성들은 이 성막에서 제사를 드렸지만, 언약궤 위에 임재하신 하나님의 영광을 직접 볼 수는 없었다. 이러한 광야에서의 성막개념은 예수님 당시의 헤롯성전(예루살렘성전)까지 이스라엘 가운데 지속되었다. 그리고 웅장했던 예루살렘성전은 주후 70년경 로마의 티투스 장군에 의해 예수님이 예언하신 대로 다시 무너지게 된다(마 24장).

우리는 지금 교회 안에서 주님을 예배하고 만난다. 그러나 교회에 대한 정확한 의미는 우리 자신이 주님과 성령 안에서 교통하는 장소라는 개념이다. 단순한 건물이 아닌, 영적 교통의 장소이기 때문에 진정한 성전은 바로 성령께서 내주하시는 우리 몸인 것이다(고전 3:16)! 그렇다. 우리가 바로 움직이는 성전(Moving Temple)이다. 그리고 우리 자신이 성전 중에서 가장 거룩하신 장소, 곧 하나님의 영광이 친히 임재하시는 장소인 지성소가 된다. 따라서 우리는 지금도 주 예수 그리스도의 이름으로 거룩하신 하나님 아버지를 만나는 하늘의 지성소로 언제든지 들어갈 수 있다.

그리고 주님이 이 땅에 재림하실 때 완전한 교회, 곧 거룩하신 하나님의 임재 앞에서 그 영광을 영원히 누릴 수 있는 새 하늘과 새 땅의 시대를 맞이하게 될 것이다. 사도 요한은 환상 가운데 목격했던 하늘의 성전을 다음과 같이 묘사하고 있다.

> 이에 하늘에 있는 하나님의 성전이 열리니 성전 안에 하나님의 언약궤가 보이며 또 번개와 음성들과 뇌성과 지진과 큰 우박이 있더라 (계 11:19).

> 또 이 일 후에 내가 보니 하늘에 증거 장막의 성전이 열리며(계 15:5).

그러나 새 하늘과 새 땅에서는 하나님이 친히 우리들의 성전이 되실 것이다.

> 성 안에서 내가 성전을 보지 못하였으니 이는 주 하나님 곧 전능하신 이와 및 어린 양이 그 성전이심이라 그 성은 해나 달의 비침이 쓸 데없으니 이는 하나님의 영광이 비치고 어린 양이 그 등불이 되심이라(계 21:22-23).

영원한 천국에는 성전이 없다. 특별히 거룩하게 구별된 성전이 없다는 의미이다. 하나님과 어린 양 예수 그리스도의 영광이 새 예루살렘 전체에 충만하게 임하기 때문에 특정한 성전이 필요가 없다는 것이다. 새 예루살렘 성 전체가 하나의 거대하고 거룩한 성전이다! 바로 이곳에서 우리는 직접 하나님과 함께 영원히 살게 될 것이다.
이 얼마나 놀라운 영광인가!

이러한 영광은 지금 천국에 있는 모세나 바울 같은 신자들도 간절히 사모하는 영광이다. 그들도 주님의 재림과 새 하늘과 새 땅의 영광을 하루 속히 보기를 원하고 있다.

이 땅을 살고 있는 우리도 마찬가지이다. 신앙의 깊은 의미를 추구하는 열정적인 신자들은 지금도 하나님의 임재를 찾아 헤맨다. 하나님의 영광에 목마른 신자들은 예배 가운데 그분의 얼굴을 간절히 구한다. 부흥이 임하고 하나님의 영광이 임한 곳이면, 누구나 사모하며 그곳을 찾아간다.

하나님의 방문(God's Visitation)이란 단어를 들어본 적이 있는가?

주님이 신자들을 직접 찾아오심, 바로 그곳이 영적 대각성과 부흥이 일어났던 역사의 현장이었다.

저와 여러분에게도 영적 목마름이 있는가?

하나님의 영광에 대한 간절함과 그 영광을 포기하지 않고 추구하는 열정이 아직 살아있는가?

그리고 영적 갈급함으로 가득 차 울부짖으며 기도했던 하나님의 사람들 가운데 충만하게 찾아왔던 하나님의 영광에 대해 들어보았는가?

만일 우리에게 이런 하나님의 영광에 대한 간절한 사모함이 없다면, 주님의 다시 오심에 대해서도 마찬가지일 것이다. 우리가 모두 알거니와, 신자들이 사모하는 하나님의 영광은 이 땅의 것이 아니다. 하늘의 것이다. 그리고 궁극적인 하나님의 영광은 우리 주님의 재림 사건으로 완성된다. 우리가 만일 참된 신자라면, 우리가 어찌 주님의 다시 오심을 간절히 사모하지 않겠는가.

그리스도 안에서 영원한 소망을 추구하는 우리는 한 가지 사실을 기억해야 한다.

새 하늘과 새 땅은 그리스도를 믿는 모든 하나님의 백성들에게 주어지는 하나님의 놀라운 은혜이기는 하지만, 새 하늘과 새 땅은 또한 믿음의 선한 싸움을 싸우고 승리한 그분의 백성들에게 주어지는 하나님의 상급이라는 사실이다.

이 상급은 바로 이 땅에서 주님의 지성소로 들어가기 위해 거룩한 몸부림을 치는 신자들을 위해 궁극적으로 주어질 것이다. 오늘의 삶과 역사 위에 기초하지 않는 새 하늘과 새 땅은 없다. 오늘의 삶을 성실하게 살아가는 신자들에게 새 예루살렘은 궁극적인 의미가 있다. 오늘의 역사 속에서 개인적 종말을 최선을 다해 준비하는 신자들에게 우주적 종말도 의미가 주어진다. 개인의 죽음을 잘 준비하는 것이 주님의 재림을 잘 준비하는 것이기 때문이다.

성막의 영성도 또한 그러하다. 이스라엘은 죄 때문에 날마다 개인적으로 성막을 방문해야만 했고, 각 사람은 성막의 제사법을 통해 하나님의 심판으로부터 면제함을 받았다. 성막의 제사법은 시내산에서 하나님의 백성으로서의 이스라엘이 하나님과 맺은 그 시내산 언약을 유지시키는 유일한 도구였다(출 24장).

그러나 이스라엘은 성막 안에서만 그 거룩성을 유지했던 것은 아니었다.

하나님의 거룩하심은 성막 밖에 존재했던 이스라엘 백성들의 공동체적 삶 안에서도 여전히 거룩하게 유지되어야만 했다.

이러한 죄악된 생활에서 벗어나기 위해 이스라엘은 믿음으로 날마다 이겨내고 승리해야만 했다. 왜냐하면 이스라엘의 야훼 하나님은 그분의 영광을 위해(For God's glory) 인간의 죄악과 사탄의 권세를 대적하시는(Against human sins & Satan's power) 하나님이실 뿐만 아니라, 그분의 영광을 열방에 드러내시기 위해 선택하신 그분의 백성 즉 거룩한 그분의 신부들을 사용하시는(Through His holy brides) 하나님이시기 때문이다.

즉 이스라엘의 하나님은 그분의 종말론적 거룩한 전쟁을 수행하시는 거룩한 전사이시요(the Holy Warrior), 동시에 이스라엘을 인도하시며 복 주시는 신적 왕(the Divine King)으로 그분 자신을 계시하신다(출 15장). 따라서 젖과 꿀이 흐르는 가나안 땅은 야훼 하나님의 종말론적 거룩한 전쟁에서 이스라엘이 순종함으로써 얻는 승리의 대가이며, 은혜의 선물인 셈이다.

성막은 가나안 정복이라는 하나님의 거룩한 전쟁에 부르심을 받은 이스라엘 진영 가운데 임재하신 하나님의 현존이었고, 이러한 종말론적 거룩한 전쟁 개념은 요한계시록 2-3장에서도 발견된다.

사도 요한 당시 로마제국의 박해 가운데 믿음을 지키기 위해 투쟁했던 신자들에게 주님은 "이기라"고 독려하시고 그 승리의 결과로 새 하늘과 새 땅이 주어질 것임을 약속하셨다. "이기라"는 이 헬라어 단어 '니카오'(νικάω)는 전문적인 전투용어이기 때문이다.

이 땅에서 세상과 적당하게 타협하면서 정금 같은 믿음을 저버린 신자들에게 새 예루살렘은 결코 약속된 바가 없다. 이 새로운 하나님의 세계는 주님만을 사랑하며 하늘의 상급을 위해 의지적으로 투쟁하는 신자들에게 주어질 것이다.

그러나 우리의 의지적인 노력만으로 새 하늘과 새 땅을 소유할 수는 없다. 그 의지적인 노력을 뛰어넘는, 하늘로부터 부어지는 하나님의 은혜가 주어질 때 약속의 말씀은 능력으로 이루어질 것이다.

1세기 소아시아 일곱 교회공동체에게 예수님은 특히 회개를 강조하셨다. 회개야말로 죄악을 이기고 승리할 수 있는 영적 기반이며 참된 회개위에 하늘의 능력과 은혜가 부어지기 때문이다. 성막의 문은 죄인 된 이스라엘 모두에게 열려있는 은혜의 문으로서 이곳으로 발걸음을 의지적으로 들여놓는 이스라엘 백성들에게만 하나님에게로 나아가는 은혜의 길이 열렸다.

마찬가지로, 이 마지막 때에도 예수 그리스도의 피문은 십자가의 복음을 뜻과 마음을 다해 의지적으로 받아들이는 사람만이 그 문 안으로 들어갈 수 있을 것이다. 구원은 전적으로 하나님의 은혜에 속한 신비로운 사건이지만, 이 구원은 동시에 그리스도의 복음에 대해 인간의 적극적인 반응을 필요로 한다는 사실도 결코 부인할 수 없다.

성막 안에는 번제단이 놓여 있었다. 죄 용서함의 자리이다. 바로 회개의 능력이고 거룩함의 자리이다. 번제단의 영성은 바로 이런 것이다. 즉 날마다 자신의 죄를 인식하고 마음을 찢으며 거룩한 그리스도의 신부 됨의 자리를 지키는 영성이다. 바로 그런 자들에게 하나님의 은혜가 임할 것이라는 진리를 번제단은 말해준다.

하나님 아버지의 마음을 아는가?

그분께서는 우리들 마음속에 날마다 영적 번제단이 세워지기를 원하신다. 그곳에서 우리들은 날마다 거룩해지기를 연습한다. 거룩함을 향한 일상적인 연습에 익숙한 자가 나중에 영원한 천국에 들어가도 당황하지 않을 것이다. 왜냐하면 그곳은 영원히 거룩한 것에 익숙한 자들만이 영원을 보낼 수 있는 곳기 때문이다.

번제단 뒤에 있는 물두멍을 기억하는가?

이 물두멍부터는 제사장들의 활동구역이었다. 물두멍은 제사장들이 성소 안으로 들어가 사역하기 위해 손과 발을 깨끗하게 씻은 장소일 뿐만 아니라, 물두멍으로 상징되는 홍해바다를 하나님의 능력으로 갈랐던 승리의 전리품을 나타내는 장소이기도 했다.

오늘날 삶 속에서 믿음의 승리를 선포하는 오늘날의 영적 제사장들이 누구인가?

바로 저와 여러분이다. 그러나 우리들에게도 수많은 상처들이 있고 넘어지는 연약함이 있으며 치유받아야 할 쓴 뿌리들이 있다. 마지막 날들의 신자들은 이러한 내적 상처들을 그리스도 안에서 깨끗하게 치유를 받고 점도 흠도 없는 그리스도의 거룩한 신부로 다시 거듭날 것을 요청받고 있다.

따라서 신자 된 우리들이 사모해야 할 바는 무엇인가?

바로 성령 안에서 치유와 회복을 경험하고 승리의 자리로 나아가게 역사하시는 성령의 그 놀라운 권능인 것이다.

성소 안을 보는가?

바로 그곳에 금 촛대가 있다. 끊임없이 빛을 발하는 금 촛대를 보라. 이 금 촛대에는 영광스러운 마지막 날들의 교회들에 대한 이미지가 새겨져 있다. 바로 하나님의 강력한 군대이다! 하나님의 군대를 지휘하시는 예수님이 십자가 위에서 이미 사탄의 권세를 멸하셨다. 이제 우리는 마지막 날들을 준비하시는 주님의 음성을 듣고 있다. 하나님의 나라를 위한 마지막 세대의 영적 전쟁을 위해 그분의 거룩한 군대를 소집하시는 주님의 명령을 듣고 있다. 우리는 주님의 거룩한 전쟁을 선포하는 천사들의 전쟁 나팔 소리를 듣는 시대를 살고 있는 것이다.

이제 각 신자들은 주님의 재림을 준비하는 시대적 사명을 감당하기 위해 하나님의 군대 안에서 재배치되고 있다. 주님의 군대 안에서 자신의 영적 위치를 다시 찾아야 한다. 그리고 바로 그곳에서 주님이 오시는 그날까지 충성된 신자들로 헌신해야 한다.

그 옆에 놓여있는 떡상을 보라. 바로 하나님의 말씀이다. 우리가 날마다 먹어야 할 하늘의 양식이다.

하나님의 군대를 위해 예비된 그 소중한 군대의 보급품 가운데에는 우리가 반드시 소화해야 할 마지막 시대의 메시지들도 놓여있다! 진리의 말씀을 통해 마지막 시대의 징조를 분별하고, 주님의 거룩한 부르심에 이제 응답할 때가 온 것이다. 그리고 분향단에 나아가 한 영혼과 잃어버린 열방을 위해 중보기도를 올려라. 중보기도의 승리 없이 전쟁의 승리는 없다.

이제 우리는 그리스도 안에서 대제사장으로 담대히 십자가의 보혈을 힘입어 지성소 안으로 들어가야 한다. 하나님을 날마다 삶 속에서 그분의 임재를 체험하는 현장이다. 그분의 거룩한 신부로 그분의 임재 앞에 서는 것이다. 주님의 임재 앞에 서는 연습은 번제단 앞에서 날마다 거룩함을 연습하는 것과 같이, 이 땅에서 보좌의 영광 앞에 서는 연습을 하는 것과 같다. 그리고 마침내 주님이 오실 때 우리는 영원히 그분의 정결한 신부로 보좌 앞에 서게 될 것이다.

성막은 이 땅에 존재했던 이스라엘 왕이신 하나님의 궁전이다. 그리고 새 하늘과 새 땅은 하늘에서 내려오는, 모든 신자들을 위한 영원한 왕의 도성이다. 그런 의미에서 성막은 미래적 천국의 영광을 소유하고 있다는 것이다. 이것이 종말론적 신학과 영성으로 읽는 성막의 구조이며 메시지이다.

이제 성막으로 들어가자. 성막을 여행하며 더욱 구체적으로 마지막 시대를 위한 종말론적 성막의 영성과 메시지를 묵상하자. 성막의 문을 열고 지성소까지 나아가자. 성막은 왕 되신 주님이 우리를 초청하시는 영광의 자리이며, 예수 그리스도의 영광스러운 재림을 준비하는 기독교 영성의 구약적 자리이다.

제 2 장

성막짓기 – 성경적 재정의 영성

여호와께서 모세에게 말씀하여 이르시되 이스라엘 자손에게 명령하여 내게 예물을 가져오라 하고 기쁜 마음으로 내는 자가 내게 바치는 모든 것을 너희는 받을지니라 너희가 그들에게서 받을 예물은 이러하니 금과 은과 놋과 청색 자색 홍색 실과 가는 베 실과 염소 털과 붉은 물 들인 숫양의 가죽과 해달의 가죽과 조각목과 등유와 관유에 드는 향료와 분향할 향을 만들 향품과 호마노며 에봇과 흉패에 물릴 보석이니라 내가 그들 중에 거할 성소를 그들이 나를 위하여 짓되 무릇 내가 네게 보이는 모양대로 장막을 짓고 기구들도 그 모양을 따라 지을지니라(출 25:1-9).

하나님이 모세에게 성막을 지을 것을 지시하셨을 때 성막에는 여러 가지 재료들이 필요했다. 성막의 기구를 만드는 데 폭넓게 사용된 조각목은 히브리 명칭으로는 싯딤(Shittim)이라고 불리웠는데 당시 이집트, 아라비아, 이스라엘 남부에서 흔히 볼 수 있는 아카시아나무로 알려져 있었다. 그러나 다른 재료들은 상황이 달랐다. 금, 은, 놋, 청색 자색 홍색 실, 가는 베 실, 염소털과 붉은 물 들인 숫양의 가죽, 해달의 가죽, 등유와 관유에 드는 향품, 분향할 향을 만들 향품, 호마노, 에봇과 흉패에 물릴 보석 등은 도저히 광야에서는 구할 수 없는 값진 재료들이었다(출 25:1-9).

그렇다면, 이스라엘 백성들은 어디에서 이 귀한 물건들을 구했는가? 그들이 노예 생활 했던 바로 그 이집트에서였다! 이스라엘이 처음 이집트를 빠져 나올 때 또 하나의 기적이 일어났다. 이집트 사람들이 값비싼 물품들을 노예에 불과했던 이스라엘 백성들에게 건네준 것이다.

> 이스라엘 자손이 모세의 말대로 하여 애굽 사람에게 은금 패물과 의복을 구하매 여호와께서 애굽 사람으로 백성에게 은혜를 입히게 하사 그들의 구하는 대로 주게 하시므로 그들이 애굽 사람의 물품을 취하였더라(출 12:35-36).

당시 이스라엘 백성들은 가나안 땅으로 가기 위해 광야지대로 접어드는 상황에서 이러한 재료들이 왜 필요한지 이해할 수가 없었을 것이다. 광야생활에 필요한 것은 물이나 비상 식량이지, 금이나 은, 패물들이 아니었기 때문이다. 물론, 이스라엘 백성의 입장에서는 광야생활이 앞으로 무려 사십 년간이나 계속될 것이라는 사실을 꿈에도 생각지 못했기 때문에 이러한 진귀한 보물들이 가까운 시일 안에 가나안 땅에 들어간 후 그들의 윤택한 정착생활에 보탬이 될 것이라고 생각했는지 모른다.

하나님이 이 백성들에게 이러한 진귀한 보물들을 주신 이유는 나중에 밝혀진다. 바로 성막을 짓기 위해 이 모든 것들이 필요했던 것이다. 즉 하나님이 그분 자신의 영광을 위해서 이스라엘 백성들에게 금과 은과 패물들을 주신 것이다. 이것은 그리스도인의 재물관과 직결된다.

현재 기독교 안에서는 부와 재물과 관련된 두 가지의 극단적인 입장이 동시에 공존하고 있다. 하나는 소위 성공적인 신자의 삶을 강조하는 번영의 신학이다. 이 입장은 가난과 고통을 신자들과는 관계없는 사탄의 저주로 간주한다. 세상의 각 영역에서 부와 성공의 정상을 정복함으로 그를 통해 이 땅에 하나님의 나라를 확장해야 함을 역설한다. 또 하나의 입장은 가난과 질병을 주어진 운명처럼 수용하는 병적인 고난의 신학이다. 이러한 신학적 입장은 부와 번영, 성공과 출세를 무조건 죄악시한다.

그러나 우리가 알거니와, 부와 재물 그 자체는 중립적인 것이다. 부와 재물은 선한 것도, 악한 것도 아니다. 선하게 사용되면 선한 것이고, 악하게 사용되면 악한 것이다. 따라서 우리가 알고 있는 재물에 관한 성경적이고 기본적인 진리는 다음 두 가지이다.

첫째, 재물은 하나님으로부터 오는 것이다. 신자들은 이 사실을 겸손하게 인정하고 받아들여야 한다. 우리가 재물을 움켜쥐고 주님의 나라를 위해 사용하기를 거부하는 것은 이 재물이 오직 나를 위한 것이라고 생각하기 때문이다. 내가 노력하고 땀 흘려서 번 돈이요, 악착같이 쌓아올린 재물이기 때문에 아까운 생각이 드는 것이다. 이러한 인간적인 생각은 오늘날 재정과 헌금을 중심으로 교회 안에서 숱한 갈등과 분열을 일으키기도 한다. 바로 재산권에 관한 분쟁이다.

그러므로 우리는 기억해야 한다. 주님이 재물을 허락하지 아니하시면 우리의 땀과 노력이 모두 헛된 것이 된다는 사실을. 이 땅에서 우리가 아무리 노력하고 일하고 애를 써도 재물을 쌓지 못하는 경우도 너무나 많다. 즉 땀과 노력의 대가를 우리 모두가 다 누리고 사는 것은 아니다. 또한 재물을 바벨탑같이 쌓아올려도 주님이 그분의 입김으로 훅하고 한 번만 불면 먼지처럼 사라지는 것도 재물이다.

따라서 신자들에게 던져지는 질문은 이것이다.

하나님의 나라를 위해 나의 소유를 겸손히 내려놓을 것인가?

아니면, 나만을 위해 재물을 쌓으며 살 것인가?

이러한 갈등은 우리들의 마음속에서 언제나 존재한다. 그리고 이런 갈등으로부터 완전히 자유로울 수 있는 사람은 별로 없다. 따라서 우리의 마음 그 자체가 치열한 영적 전쟁터가 된다. 그러나 분명한 사실은 돈과 재물에 대한 하나님의 주권을 인정하는 자만이 소유욕을 내려놓을 수 있고, 그 마음을 비울 때 비로소 재물은 주님의 나라를 위해 풀려지게 된다.

둘째, 신자의 재물은 주님의 영광을 위해 사용되어야 한다는 것이다. 이스라엘 백성들에게 기본적으로 필요한 것들은 하나님이 모두 공급하셨다. 즉 목마를 때 반석에서 나오는 물이며, 날마다 먹을 하늘에서 주어지는 만나요, 고기가 먹고 싶을 때 주어진 메추라기요, 헤어지지 않는 옷이고 닳아 없어지지 않는 신발이었다. 그러나 하나님은 이렇게 기본적으로 먹고 살아가는 데 필요한 것들 이외의 낭비적이고 사치스런 생활은 금하셨다. 인간의 본성상 지나친 재물은 오히려 인간의 영혼을 파괴하는 우상숭배로 이어질 수 있음을 아셨기 때문이다.

> 백성이 이 황송한 말씀을 듣고 슬퍼하여 한 사람도 그 몸을 단장하지 아니하니 여호와께서 모세에게 이르시기를 이스라엘 자손에게 이르라 너희는 목이 곧은 백성인즉 내가 순식간이라도 너희 중에 행하면 너희를 진멸하리니 너희 단장품을 제하라 그리하면 내가 너희에게 어떻게 할 일을 알겠노라 하셨음이라 이스라엘 자손이 호렙 산에서부터 그 단장품을 제하니라(출 33:4-6).

이 말의 의미는 우리가 항상 가난하게 살아야 한다고 말하는 것이 아니다. 주님이 때때로 우리들에게 분에 넘치게 부어주시는 축복들을 과소평가하거나 부인하는 것도 아니다. 나의 말은 이 땅에서 우리들에게 기본적으로 필요한 것들 외에는 주님의 영광을 위해 재물들을 적극적으로 드려야 한다는 것이다.

따라서 나는 개인적으로 무조건적인 부와 재물만을 강조하는 축복신학이나 성공주의 신학은 잘못된 것이라고 생각한다. 하나님께 어느 정도의 헌금을 드리면 헌금 액수의 몇 배에 해당되는 축복을 그 대가로 받을 것이라는 큰 믿음(?)의 메시지는 비성경적인 것이다.

우리가 어떤 대가를 바라고 헌금을 드리는 것이 아니다. 얼마를 투자하면 몇 배의 이윤을 벌어들일 것이라는 부동산 재벌식의 투자를 하는 것이 아니라는 말이다.

그러나 병적인 가난함의 신학도 결코 바람직한 것은 아니다. 질병을 견디고 가난함을 감수하는 것도 큰 믿음이지만, 이 땅에서 하나님의 나라를 확장하기 위해서는 재정도 필요하다는 엄연한 현실도 받아들여야 한다. 다만, 부와 재정에 대한 지나친 집착이 문제일 뿐이다.

중요한 것은 우리에게 순수한 마음의 동기가 있는가이다. 주님이 우리에게 주신 물질이기 때문에 그 물질을 그분의 영광을 위해 순수하게 사용해야 하는 것이다. 따라서 우리가 겸손하고 낮은 마음으로 준비되지 못한다면, 그 상태에서 우리에게 부어지는 물질적 축복은 차라리 저주에 가깝다. 받은 물질 때문에 쉽게 시험에 빠져 넘어지고, 더 큰 재물을 얻기 위해 탐욕으로 가득 차서 인간적으로 몸부림치는 모습들은 보기에도 안쓰럽다. 나중에는 재물 때문에 믿음마저 잃어버리고 자신의 가장 귀한 영혼마저 멸망당하는 비극을 맞이하기도 한다.

그렇기 때문에 얼마나 많은 신자가 지금도 물질과 관련하여 연단을 받고 있는가. 물질을 성경적으로 다스릴 수 있는 자가 물질의 축복을 받아 누린다. 그리고 주님은 물질의 시험에 통과한 자들에게 부와 재물을 허락하실 것이다. 성막짓기에 나타난 재정의 영성과 관련하여 출애굽기는 이스라엘이 하나님이 주신 물질을 어떻게 사용했는지 두 가지의 서로 대조되는 모습을 동시에 보여준다.

1. 금 송아지인가? 하나님의 영광인가?

> 여호와께서 모세에게 이르시되 너는 내려가라 네가 애굽 땅에서 인도하여 낸 네 백성이 부패하였도다 그들이 내가 그들에게 명령한 길을 속히 떠나 자기를 위하여 송아지를 부어 만들고 그것을 예배하며 그것에게 제물을 드리며 말하기를 이스라엘아 이는 너희를 애굽 땅에서 인도하여 낸 너희 신이라 하였도다(출 32:7-8).

모세가 시내산에 올라가 하나님의 율법을 받고 있는 동안에 시내산 밑에서 기다리고 있던 이스라엘 백성 가운데 사탄이 강하게 역사하기 시작했다. 그들은 아론을 찾아가 모세 대신 자신들을 인도해 줄 수 있는 눈에 보이는 우상을 만들어달라고 요구했다. 하나님이 주신 금을 가지고 금송아지를 만들어 신으로 숭배한 것이다. 그 결과 하나님은 진노하셨고 이스라엘 백성 가운데 삼천 명이 죽임을 당했다(출 32장).

지금도 이와 동일한 현상은 여전히 우리 가운데 일어나고 있다. 하나님이 주신 축복으로 성장한 많은 교회들이 어느 순간 교회의 머리 되신 예수 그리스도의 영광을 추구하는 대신, 교회의 브랜드를 우상으로 숭배하기 시작했고 교회의 시스템과 쌓아 놓은 부와 재산을 권력의 신으로 섬기기 시작한 것이다.

그리고 하나님이 부어주신 그 모든 것들을 오직 자기 교회의 영광과 자신들만의 사역 확장을 위해 투자하기 시작한 것이다.

앞에서 언급한 번영신학을 추구하는 어떤 설교자들은 하나님의 자녀이면 하나님의 자녀답게 부자가 되고 축복을 받고 누리는 것이 당연하다고 강력하게 주장한다. 이제는 가난의 영을 끊고 채무의 영을 결박해야 한다고 주장한다.

인간의 본성상, 우리는 물질적 축복을 누리기를 원하고 가난에서 벗어나기를 원한다. 그럼에도 불구하고, 하나님의 자녀들이 축복을 받고 가난한 자의 자리에서 벗어나 세상적으로 출세하고 부자가 되는 것만으로는 충분하지 않다는 것을 늘 기억하자. 만일 우리가 누리는 그 모든 축복들을 나를 통해서 흘러가게 하고, 그것을 절실하게 필요로 하는 다른 사람들과 함께 나누지 않는다면, 하나님의 나라와는 상관이 없다. 주님의 영광을 위해 재투자 되지 않는 재물들은 오직 개개인 신자들의 영광을 위해서만 존재하기 때문에 썩은 재물에 불과하다.

하나님의 백성들이 주님으로부터 받은 축복들을 나누지 않고 독점하면서부터 세상이 함께 누릴 축복들이 사라져 버렸다.

아브라함이 복의 근원이었다면, 교회들과 신자들도 세상을 향한 복의 근원이 되어야 한다. 신자들과 교회들이 낮고 버림받은 자들, 가난하고 궁핍한 자들, 도움과 구제와 긍휼이 필요한 자들에게 축복을 나누어주지 못한 그 결과로 교회 안의 부와 재물이 교회공동체 스스로만을 살찌우는 금송아지가 되어버렸다. 그리고 그 놀라운 축복들이 오히려 교회들을 영적으로는 타락하게 만드는 저주 자체가 되어 버렸다.

많은 신자가 자신들이 왜 돈을 벌어야 하는지 모르고 있다. 성경적 재정관도 없고, 신자로서의 소명의식도 없이 좀 더 누리고 무조건 부자가 되기 위해 몸부림을 치고 있다. 자신들이 소유한 부와 재물을 어떻게 세상을 위해 가치 있게 사용해야 하는지, 그 방향을 상실하고 방황하고 있다는 것이다.

미국은 영적으로 많이 타락했지만, 지금까지 미국 사회를 그나마 풍요롭게 만든 이유 중의 한 가지가 바로 개개인이 벌어들인 재산의 일부 또는 전부를 사회에 환원시키고 기부하는 아름다운 기독교 정신이었다. 얼마나 많은 사람과 사회단체가 이 기부금으로 인해 도움을 받고 발전하고 축복을 누렸는가?

죽어가는 영혼들과 고통당하는 세상을 향해 흘러가지 못하는 신자들의 재물은 차라리 죄악에 가깝다. 그것은 이스라엘이 시내산 밑에서 금송아지를 만들어 술에 취해 축제를 벌인 난장판과 같은 행위이다. 신자들이 자신만을 위해 재물을 묶어두는 것은 하나님이 허락하신 재물을 가지고 자신의 배만 불리는 개인 우상숭배 행위와 같은 것이다.

세상의 자본도 시장에서 적당하게 돌고 돌아야 경제가 살아난다. 돈과 자금도 한 곳에 묶여 시장으로 제대로 나오지 못하면 문제가 발생한다. 하나님의 자본도 기부와 나눔과 헌금을 통해 돌아다녀야 많은 사람이 살 수 있다. 무엇보다도 잃어버린 영혼들을 마지막 때에 효과적으로 그리스도 안에서 추수하기 위해서도 자금이 필요하다. 이제는 하나님이 여러분에게 얼마나 많은 물질적 축복을 부어 주셨는가에 대해서는 간증하지 말라. 그 대신 그 받은 축복을 어떻게 주님의 뜻을 따라 세상 사람들과 함께 나누었는지를 간증하라. 축복받음보다 축복 나눔이 더 성경적인 축복이기 때문이다.

2. 성경적 재물관과 하나님 나라

> 성소의 모든 일을 하는 지혜로운 자들이 각기 하는 일을 중지하고 와서 모세에게 말하여 이르되 백성이 너무 많이 가져오므로 여호와께서 명령하신 일에 쓰기에 남음이 있나이다 모세가 명령을 내리매 그들이 진중에 공포하여 이르되 남녀를 막론하고 성소에 드릴 예물을 다시 만들지 말라 하매 백성이 가져오기를 그치니 있는 재료가 모든 일을 하기에 넉넉하여 남음이 있었더라(출 36:4-7).

하나님이 모세에게 성막을 지을 재료들을 이스라엘 백성들에게 요구하라고 말씀하셨다. 그때 이스라엘 백성들이 성막을 위해 드린 재물이 너무 풍성하여 더 이상 가져오는 것을 중단시킬 정도였다. 하나님은 그분의 성막을 위해 특별히 브살렐과 오홀리압을 선택하시고, 그들에게 하나님의 지혜를 충만하게 주셔서 성막의 온갖 기구들을 능숙하게 만들도록 하셨다(출 35-36장).

이러한 성막에로의 재정적 헌신이야말로 마지막 때에 하나님이 꿈꾸시는 부와 재물의 바람직한 이동이다. 다시 강조하거니와, 하나님이 주신 재물들은 하나님의 영광을 위해 사용되어야 한다. 주님이 하나님의 나라를 위해 재물을 기꺼이 자원하는 마음으로 드릴 그분의 백성들을 준비하시며 일으키실 것이다. 이 말은 마지막 때를 위한 하나님의 재정이 준비되고 있음을 의미한다.

주님의 재림이 가까울수록 전 세계적으로 전쟁과 기근으로 인한 흉

년과 결핍은 더욱 심해질 것이다. 그러므로 정치나 문화, 미디어 등 사회의 다른 영역들과 마찬가지로, 지구상에 남아 있는 이러한 부와 재물에 대해서도 하나님의 나라와 사탄의 왕국 간의 투쟁은 더욱 치열해질 것으로 예측된다.

사도 요한은 그가 본 환상 가운데 이러한 사실을 분명하게 목격했다. 요한이 기록하고 있는 장차 세계를 지배할 적그리스도의 왕국인 음녀 바벨론의 특징을 보라. 이 여자는 자주 색과 붉은 빛 옷을 입고 금과 보석과 진주로 꾸미고 손에 금잔을 가지고 있었다(계 17:4). 세계적인 경제 권력을 장악하고 있음을 의미한다. 이 모든 재물과 보석들은 악의 권세들에 의한 부당한 지배와 착취를 통해서 온 것들이다. 그리고 이것들은 세상을 적그리스도의 뜻에 따라 지배하기 위해 사용되는 어두움에 속한 재정이다. 이 재정은 곧 하나님의 뜻을 거스리는 악한 경제적 권세를 의미하며, 사탄의 왕국을 움직이는 실제적인 자금이기도 하다.

사탄은 예수님을 부인하고 자신에게 영혼을 팔아 넘기는 수많은 사람들에게 이 세상의 —눈에 보이고 당장 즐길 수 있는— 것들을 약속한다.

그런 다음, 사탄은 세상 사람들이 결코 포기하지 않는 온갖 욕망과 탐욕을 마음껏 누리도록 충족시켜준다. 반면에 신실한 신자들은 영원한 천국을 위해 자신이 소유한 금과 은과 재물을 아낌없이 주님을 위해 투자한다. 더 나아가 자신의 시간과 열정, 심지어는 자신의 생명까지 바친다. 세상 사람들이 보기에는 어리석기 짝이 없는 미련한 선택들이다.

사탄에게 부와 재물은 인간의 영혼을 유혹하고 타락시켜 지옥으로 끌고 가기 위해 사용하는 강력한 무기들 중의 하나이다. 사탄은 수많은 영혼들에게 이 땅에서의 풍요로운 삶이 전부이며, 죽은 후엔 결코 영원한 세계란 존재하지 않는다고 속이고 미혹한다. 이 뛰어난 영적 존재는 전 세계에 흩어져 있는 돈과 재물들을 끌어모아 자신의 왕국을 확장할 그의 종들에게 그것을 위임할 것이다.

인간으로 나타날 적그리스도는 영적 존재인 사탄의 대리적 통치자이며 그에게 죽기까지 충성할 사탄의 마지막 아들이다. 적그리스도는 용인 사탄으로부터 모든 권세와 능력을 위임받아 마지막 때의 돈과 재물, 경제권과 재정을 상징하는 짐승의 표로 세계를 지배하게 될 것이다(계 13:16-17).

악의 권세들은 자신들에게 주어진 세상의 돈과 물질을 가지고 투자할 가치가 높은 영역을 선정한다. 그 가운데에서도 가장 우선순위를 차지하는 분야는 인간의 영혼과 직접적으로 관련된 분야이다. 즉 그들은 영혼들을 타락시키거나 사냥할 적당한 분야에 과감하게 투자한다.

악의 영들은 사악한 이단 집단이나 악한 정권들에 많은 돈을 투자해서 그 경제력으로 영혼들을 미혹하고 파괴하는 사업을 전개한다. 때로는 부동산을 담보로 거대한 자본들을 형성하고 세계를 사탄의 전략을 따라 정치계나 경제계, 종교계를 통합적으로 움직일 수 있는 언론매체나 정치 조직들을 만드는 일에 투자하기도 한다. 이러한 일들은 전 세계에 거미줄처럼 형성된 사탄의 수많은 전략들 중의 하나에 불과하다.

이 모든 전략들의 궁극적인 목적은 주 예수 그리스도의 복음을 왜곡시키거나 듣지 못하게 하고 더 나아가 대항하게 하며 궁극적으로 세상적 권력과 사탄적인 지배에 인간의 무릎을 꿇게 하고, 마침내 사탄과 경제권력, 그리고 인간의 욕망 자체를 하나님처럼 숭배하도록 만드는 것이다.

그러나 주님은 이 땅의 죽어가는 수많은 영혼을 새 하늘과 새 땅으로 인도하시기 위해 그 모든 부와 재물을 사용하기를 원하신다. 주님의 재림이 가까울수록 하나님의 나라를 확장하기 위한 돈과 재물은 더욱 필요하기 때문이다.

따라서 하늘의 재정창고로부터 이 땅으로 주님의 나라를 위해 재정이 풀려나기 시작할 것이라는 사실은 짐작하기 어렵지 않다. 따라서 주님은 마지막 시대에 하늘의 부와 재물을 맡길 만한 선한 청지기들을 전 세계적으로 찾으실 것이며, 그들에게 그것들을 부어주실 것이다. 그렇게 하지 않는다면, 세계의 부와 경제권이 모두 악한 사탄에게 넘어갈 것이기 때문이다.

3. 하늘의 상급을 구하라

> 오직 너희를 위하여 보물을 하늘에 쌓아 두라 거기는 좀이나 동록이 해하지 못하며 도둑이 구멍을 뚫지도 못하고 도둑질도 못하느니라 (마 6:20).

이스라엘 백성들이 하나님께 드린 금과 은과 패물들은 모든 성막의 기구들을 만드는 재료로 사용되었다. 우리가 나중에 자세하게 살펴볼 것이지만, 당시 대제사장의 가슴에 부착된 보석들도 이스라엘 백성들이 기쁜 마음으로 자원해서 드린 것들이다.

이 보석들은 사도 요한의 말씀에 따르면, 새 예루살렘의 영광을 상징하는 하늘의 보석들로 다시 나타나고 있다. 이 하늘의 보석들은 영원히 보존되는 것들이다. 결코 없어지거나 사라지지 않는다.

반면에 이 땅에 쌓은 보석들은 언젠가는 사라질 것이다. 고급 세마포와 자주색과 붉은 옷으로 치장하고 금과 보석과 진주로 꾸민 큰 성 바벨론은 하나님의 준엄함 심판 앞에 완전히 불타서 없어질 것이라고 예언되어 있다(계 18:16-17).

그렇다. 이 땅에서 세상을 위해 저와 여러분이 심는 모든 것은 나중에 불타 없어질 것들이다. 그러나 주님의 나라를 위해 심는 재물들은 하늘의 영광스러운 보석이 되어 영원히 빛이 날 것이다.

하늘과 땅은 서로 연결되어 있다. 눈에 보이는 현실세계에서 우리가 드리는 헌신은 눈에 보이지 않는 영원한 천국의 상급과 밀접하게 연결되어 있다는 것이다. 따라서 썩어질 우리의 육신에 더 이상 돈을 투자하지 말라. 언젠가는 없어질 이 땅에 보물을 쌓는 것을 이제는 중지해야 한다.

그 대신, 땅의 것이 아닌 하늘의 것을 사모하자. 주님의 나라를 위해 아낌없이 투자하자. 영혼들을 위해 과감하게 투자하자. 주님께 칭찬받은 어느 과부의 두 렙돈의 헌신을 기억하자. 작은 물질이라도 마음을 담으면 천국에서는 주님이 기뻐 받으시는 큰 헌신이다. 여러분의 귀한 재물들을 깨끗하고 순수한 믿음으로 천국에다 투자하라. 우리의 영원한 투자는 하늘의 곳간에다 투자하는 것이다.

바로 그곳에 보물을 쌓아라. 그리고 그 보물이 저와 여러분이 장차 가게 될 새 예루살렘 성을 건축하는 영원한 기초석으로 사용되도록 드려라. 그곳에서 저와 여러분은 주님이 주시는 왕의 영광으로 영원을 보낼 것이기 때문이다.

모세가 성막을 세우되 그 받침들을 놓고 그 널판들을 세우고 그 띠를 띠우고 그 기둥들을 세우고(출 40:18).

제2부

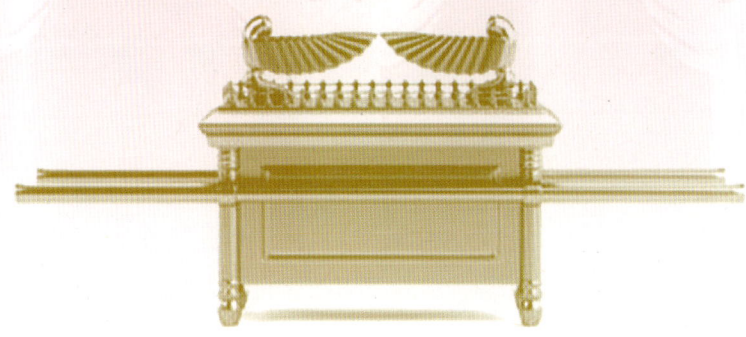

성막의 뜰에 계시된 영성

뜰 문을 위하여는 청색 자색 홍색 실과 가늘게 꼰 베 실로 수 놓아 짠 스무 규빗의 휘장이 있게 할지니 그 기둥이 넷이요 받침이 넷이며(출 27:16).

성막 뜰에서 제사를 준비하는 사람들

이야기 속으로 2

스엘의 아버지 르엘은 사랑하는 아내와 자녀들의 가슴에 상처를 준 사실을 깊이 인식하며, 자신의 삶 속에서 하나님께 죄를 짓고 그분의 영광을 드러내지 못했음을 새삼스럽게 깨닫기 시작했다.

그리고 밤이 깊도록 르엘은 자신이 걸어온 과거의 삶을 하나님 앞에서 진지하게 돌아보기 시작했다. 르엘은 자신 속에 존재하는 치유받지 못한 상처들과 미지근하게 변해버린 하나님을 향한 미온적인 신앙적 태도로 말미암아 여전히 분노와 게으름 속에서 살아온 자신만의 부끄러운 시간들을 기억해냈다.

그리고 그 모든 것이 누구에게나 존재하는 인간적인 연약함 때문이라고 스스로 위로하며, 그 허울좋은 핑계 안에 감추어두었던 추악한 죄의 더러운 찌꺼기들을 르엘은 비로소 똑바로 직면하게 되었다.

죄의 용서함 없이는 하나님 앞에 도무지 설 수 없는 처절한 죄인임을 절감하면서, 르엘은 하나님과 가족들에게 깊이 회개하는 심령으로 하나님의 집 성막을 찾기로 결심했다.

그 다음 날, 르엘은 순결한 어린 양 한 마리를 가슴에 소중히 안고 장막집을 나서기 위해 입구 휘장을 젖히고 밖으로 나갔다. 그 순간, 물끄러미 아버지 르엘의 가슴에 안긴 어린 양을 그 곁에서 바라보고 있던 아들 스엘의 눈가에 어느덧 작은 이슬이 맺혔다. 어린 양이 장막집을 나서서 성막을 찾아간다는 것이 어떤 의미인지, 어린 스엘은 너무나 잘 알고 있었기 때문이다. 그 길은 번제단의 제물로 바쳐지는 돌아올 수 없는 죽음의 길이었다!

그 어린 양은 어린 스엘이 유독 아끼고 좋아했던 친가족 같은 짐승이었다.

특별히 가족 중에서도 스엘의 목소리에 더욱 민감하게 반응하곤 했던 그 어린 양은 스엘의 목소리가 들리는 곳이면 곧장 달려와 스엘 뒤를 졸졸 따라다니던, 스엘에게는 마치 빛이 바랜 한 장의 추억의 사진처럼 언제나 따스함을 안겨주는 그토록 소중한 존재였던 것이다.

그런 이유 때문에 다시는 돌아올 수 없는 길을 아버지를 따라나서는 그 어린 양을 더 이상 바라보지 못하고, 어린 스엘은 장막 안으로 뛰어들어가 이불에 눈물로 얼룩진 그 작은 얼굴을 그만 묻어버렸다.

"............"

아버지 르엘의 마음 또한 더욱 무겁기만 했다. 그러나 그는 어느새 장막 집을 뒤로 하고 이스라엘 진 가운데 위치해 있는 거룩하고 엄위한 성막, 하나님이 계신 그곳으로 발걸음을 옮기고 있었다.

오늘도 수많은 이스라엘 백성들이 저마다 삶 속에서 지은 숱한 허물과 죄 때문에 어떤 이는 어린 양을, 어떤 이는 송아지를, 어떤 이는 비둘기를 가지고 성막을 끊임없이 찾아가고 있다. 두려움과 두근거리는 가슴으로 성막을 찾은 르엘은 성막으로 들어가는 바로 그 문 앞에 도착했다.

이 성막의 문은 매우 넓었다. 성막문의 폭은 약10m(20규빗)였고, 흰 바탕에 청색, 자색, 홍색 실로 짜서 보기에 아름답게 만들어져 있었다. 이 넓은 문은 언제나 이스라엘 백성들을 환영하며 초청하고, 그들을 변함없이 반기며 기다리고 있었다.

제1장

성막의 문 – 구원과 그 완성

1. 구원의 문이 열리다

> 내가 문이니 누구든지 나로 말미암아 들어가면 구원을 받고 또는 들어가며 나오며 꼴을 얻으리라(요 10:9).

성막은 이스라엘 백성들의 죄악을 심판하시는 하나님이 그리고 동시에 그의 백성들을 너무나 사랑하셨던 하나님이 바로 그들을 위해 친히 만드신 거룩한 장소였다. 성막 시대의 모든 이스라엘 백성들은 날마다 그들의 삶 속에서 죄를 범했고, 그들은 그 죄악으로 죽을 수밖에 없었다. 그러나 하나님은 그들을 구원하시기 위해 모세를 통해 성막을 짓게 하셨고, 그들을 성막 안으로 초청하셨다.

그러므로 구약 시대의 성막은 이 땅에 오신 예수 그리스도의 십자가가 미리 나타난 장소였다. 구약 시대의 불완전한 성막을 통해 이스라엘 백성들을 초청하셨던 하나님은 이제 예수 그리스도의 완전한 십자가를 통해 모든 죄인들을 초청하고 계신다.

그분의 영광의 집에로의 초청이다!

> 모든 사람이 죄를 범하였으매 하나님의 영광에 이르지 못하더니 그리스도 예수 안에 있는 속량으로 말미암아 하나님의 은혜로 값없이 의롭다 하심을 얻은 자 되었느니라(롬 3:23-24).

성막 속에 있는 모든 것은 하늘나라의 모형과 그림자로서, 죄 많은 이스라엘 백성들로 하여금 죄 사함의 은혜뿐만 아니라 궁극적으로 하나님의 놀라운 영광에 참여하도록 계획되어 있었다.

따라서 성막은 그리스도의 십자가의 모형일 뿐 아니라, 다시 이 땅에 오실 그리스도의 재림 사건과 더 나아가 새 하늘과 새 땅의 축복까지 보여주는 놀라운 장소였다.

하나님의 은혜 속에서 죄인들을 초청했던 이 성막의 문은 메시아로 이 땅에 오신 우리 주 예수 그리스도 그분 자신이셨다. 주님은 다음과 같이 말씀하심으로 이 진리를 확증하셨다.

> 내가 진실로 진실로 너희에게 이르노니 문을 통하여 양의 우리에 들어가지 아니하고 다른 데로 넘어가는 자는 절도며 강도요 문으로 들어가는 이는 양의 목자라 문지기는 그를 위하여 문을 열고 양은 그의 음성을 듣나니 그가 자기 양의 이름을 각각 불러 인도하여 내느니라(요 10:1-3).

성막의 문은 여러 개가 존재했던 것이 아니다. 성막의 문은 이스라엘 진중 동편 쪽에 오직 하나의 입구만 존재했다. 이와 마찬가지로, 예수 그리스도의 진리는 오늘날의 종교다원주의를 정면으로 부인한다. 종교다원주의(Pluralism)는 예수는 구원의 많은 길 가운데 하나일 뿐이라고 주장한다. 그러나 예수 그리스도는 구원에 이르는 여러 가지 길 가운데 하나가 아니라(Not one of the ways), 유일한 바로 그 길이다(But the way)!

> 예수께서 이르시되 내가 곧 길이요 진리요 생명이니 나로 말미암지 않고는 아버지께로 올 자가 없느니라(요 14:6).

구원에 있어서 예수 그리스도는 유일하신 분이다. 인간의 구원은 오직 예수님을 믿음으로만 얻는다. 이 세상의 어떤 종교도 완전한 구원의 길을 제시할 수 없다. 예수 그리스도 안에서만 영혼들이 구원을 받고, 영원한 생명을 소유할 수 있기 때문이다. 예수 그리스도의 유일성은 인간의 상황과 세속적 윤리에 좌우되는 그런 부분적 진리가 아니다. 예수님은 절대적인 진리이다.

다른 종교들을 비하한다거나 폄하한다고 생각하지 말라. 예수님의 진리는 타협될 수 있는 성격의 것이 아니다! 세상 사람들과 다른 종교인들로부터 이러한 주장이 배타적이고 편협한 주장이라고 비판을 받을 수가 있고, 독단적인 기독교만의 교리적 교만이라고도 손가락질을 받을 수도 있지만, 분명한 것은 진리 그 자체를 타협할 수는 없는 것이다. 왜냐하면, 진리는 여전히 진리이기 때문이다.

따라서 모든 종교에 나름대로 구원을 받을 수 있는 진리가 있다고 믿는 종교다원주의는 분명히 잘못된 인본주의적 가르침이다.

단적으로 말하면, 이 사상은 겉으로는 종교들 간의 갈등해소와 종교 통합을 통한 세계평화를 앞세우고 있지만, 실제로는 그리스도의 유일성을 훼손하는 명백한 사탄적 교리인 것이다. 종교다원주의의 실체는 적그리스도의 길을 예비하는 하나의 길이라고 보아야 한다.

따라서 예수 그리스도를 통한 구원의 유일성과 관련된 여러 가지 논쟁들과 주장들은 영혼들을 둘러싼 하나의 치열한 신학적, 사상적 영적 전쟁터를 형성하고 있다.

요한복음의 저자는 이 땅에 성육신 하신 하나님의 아들로서의 예수 그리스도의 사역과 그분의 가르침을 대적했던 1세기 바리새인들과의 갈등관계를 어두움을 대적하는 빛의 전쟁으로 간주하였다.

> 빛이 어두움에 비취되 어두움이 깨닫지(또는 이기지) 못하더라
> (요 1:5).

따라서 예수 그리스도를 죄로부터 구원한 하나님의 아들이요, 자신의 삶을 다스리시는 왕으로 영접한 모든 신자들은 이 치열한 영적 전쟁에서의 승리로 얻어진 귀중한 하늘의 열매들이다. 이렇게 구원의 유일한 문 되신 예수 그리스도를 통해 들어 온 신자들은 구원의 그 기쁨을 누릴 뿐만 아니라, 영적인 많은 풍성한 축복들을 동시에 누리게 된다(요 10:9-10).

신자들이 누려야 할 많은 축복 중의 하나는 곤고하고 힘든 이 땅 위

의 삶 가운데에서도 영원히 썩지 않을 하늘의 영광을 믿음으로 미리 맛
보며 소망 중에 살아가는 축복이다. 우리는 주 예수님의 성령을 통해
사도 요한이 주님의 보좌에 이끌려 올라가 하늘의 놀라운 영광을 미리
맛본 것처럼, 마지막 때에는 하늘의 열린 문을 통해 적지 않은 이들이
그리스도 안에 있는 하늘의 풍성한 영광을 보게 될 것임을 확신할 수
있다.

> 이 일후에 내가 보니 하늘에 열린 문이 있는데 내가 들은 바 처음에
> 내게 말하던 나팔 소리 같은 그 음성이 가로되 이리로 올라오라 이
> 후에 마땅히 될 일을 내가 네게 보이리라 하시더라(계 4:1).

그리고 신자들의 열매 맺는 삶과 사역이 이 땅에서 끝나는 날, 신자들
은 요한계시록 11장의 두 증인처럼 주님의 보좌로 올라갈 것이다.

> 하늘로부터 큰 음성이 있어 이리로 올라오라 함을 저희가 듣고 구
> 름을 타고 하늘로 올라가니 저희 원수들도 구경하더라(계 11:12).

그리고 주님의 재림과 최후의 심판이 끝나면 신자들은 마침내 그
리스도 안에서 얻은 새로운 왕의 직분과 영광을 가지고 이 땅과는 전
혀 다른 차원인 영원한 거주지인 새 하늘과 새 땅으로 들어가게 될 것
이다. 성막의 문이 상징하는 궁극적인 구원의 완성인 새 예루살렘의 문
으로 들어가는 영광을 신자들은 누리게 될 것이라는 의미이다.

> 만국이 그 빛 가운데로 다니고 땅의 왕들이 자기 영광을 가지고 그리
> 로 들어오리라 성문들을 낮에 도무지 닫지 아니하리니 거기는 밤이
> 없음이라 사람들이 만국의 영광과 존귀를 가지고 그리로 들어오겠고
> (계 21:24-26).

이와 같이 미래적 새 예루살렘 성의 열두 개의 문들은 그리스도 안에서 구원을 받고 그분의 뜻에 온전히 순종한 어린 양 예수 그리스도의 거룩한 신부들만이 들어갈 수 있는 문들이다(계 19:7-8; 21:2).

그러나 영원한 영광으로 들어가는 이 문이 언제까지나 활짝 열려있는 것은 아니다. 언젠가는 문이 영원히 닫힐 날도 올 것이다! 구원받을 수 있는 날들이 영원히 이 땅에서 계속되는 것이 아니라는 의미이며, 동시에 인간의 생명이 유한하기 때문에 복음에 응답할 수 있는 시간도 또한 유한하다는 의미이다.

이 땅에서 구원을 받고 오직 예수 그리스도만을 사랑하며 간절히 추구하는 참된 신자들에게 이 문은 현재적으로나 미래적으로도 이미 열린 문이지만, 그리스도의 복음을 이 땅에서 거부하는 자들에게는 이미 이 문은 현재적으로나 미래적으로도 닫힌 문이기 때문이다(계 22:15).

2. 구원의 문이 닫히다

로댕, "지옥의 문"

미련한 자들이 슬기 있는 자들에게 이르되 우리 등불이 꺼져가니 너희 기름을 좀 나눠 달라 하거늘 슬기 있는 자들이 대답하여 이르되 우리와 너희가 쓰기에 다 부족할까 하노니 차라리 파는 자들

에게 가서 너희 쓸 것을 사라 하니 그들이 사러 간 사이에 신랑이 오
므로 준비하였던 자들은 함께 혼인 잔치에 들어가고 문은 닫힌지
라 그 후에 남은 처녀들이 와서 이르되 주여 주여 우리에게 열어 주
소서 대답하여 이르되 진실로 너희에게 이르노니 내가 너희를 알지
못하노라 하였느니라 그런즉 깨어 있으라 너희는 그날과 그때를 알
지 못하느니라(마 25:8-13).

이야기 속으로 3

6m에 달하는 대작 "지옥의 문"은 로댕의 예술적 경력을 한 눈에 보여주는 작품이다. 로댕은 1880년 프랑스 장식미술관의 정문용으로 "지옥의 문"을 의뢰 받은 순간부터 죽을 때까지 30여 년 동안 이 작품에 매달렸다. 주문용으로 제작하다 장식미술관 건립 계획이 취소되자, 나중에는 개인전에 내놓으려고 다시 손을 대다 보니 세월이 많이 흐른 까닭이다. 로댕 생전에는 석고로만 보존되다, 1929년 처음 청동으로 주조됐다.

이 "지옥의 문"은 프랑스 정부가 공식적으로 인정한 7번째 진본 브론즈다. "지옥의 문"은 단테의 『신곡』 "지옥편"을 기본 모티브로 하고 있다. 지옥의 영혼들을 지배하는 "세 망령"이 문 꼭대기에 서 있고, 문에는 『신곡』에 나오는 자기 아들을 잡아먹는 우골리노를 비롯해 로댕이 직접 창조해 낸 정념과 고통으로 가득 찬 지옥의 인물 200여 명이 서로 얽혀있다. 나락으로 빠져들지 않으려고 안간힘을 쓰며 절규하는

이들을 바라보며, 단테 자신 또는 그리스도를 상징하는 인물인 "생각하는 사람"이 문 윗 쪽에 고요히 걸터 앉아있는 모습도 보인다. 영원한 고통과 불 속으로 초청하는 그 지옥 문 입구에는 지옥의 방문객들을 위해 다음과 같은 글씨가 적혀있다.

"지옥을 찾은 그대여, 이제 그대의 모든 희망을 버릴지어다!"

복음서에 등장하는 지혜로운 열 처녀 비유나 종말의 이야기 속에서 주님이 주신 핵심적인 교훈은 "깨어 있어라"이다. 항상 깨어있으라. 주님이 언제 우리를 다시 찾아오실지 모르기 때문에 깨어 있으라고 하신 것이다.

그렇다면, 사탄의 전략은 간단하지 않겠는가?

교회들과 신자들로 하여금 잠자게 만드는 것이다! 세상 속에서 먹고 사는 문제 때문에 영적으로 잠자게 만들고, 걱정 근심 때문에 둔감하게 만드는 것이다. 기업들이 세상 속에서 살아남기 위해 전력을 기울이는 것 중의 하나는 바로 다가오는 미래적 시장을 정확히 예측하고, 이에 탄력적으로 대처하는 것이다. 하나님의 교회들도 마찬가지이다. 교회들도 성령의 인도하심 가운데 미래를 준비해야 하며, 그중의 하나는 마지막 때에 대한 성경적 징조를 바르게 읽는 것이다. 주님이 오실 그 때와 시기는 알 수 없지만 그 징조는 알 수 있다.

주님의 재림이 가까울수록 전 세계적으로 일어나는 기근과 지진, 전쟁의 소식과 파괴적 재앙들, 경제적 파탄은 그 일차적인 경고가 될 것이다. 극단적 종교다원주의사회의 도래, 세계적인 종교통합운동의 가시화, 교회 안에서의 세속적이고 인본주의적인 사상들의 유입과 성적 타락, 이 모든 것은 마지막 때를 알리는 뚜렷한 징조들이다.

사도 요한이 예고하고 있는 두 가지의 중요한 종말론적인 사건, 즉 두 증인과 적그리스도의 출현은 임박한 주님의 재림을 예고하게 만들 것이다(계 11-13장). 또한 환난 중에 일어나는 마지막 때의 대부흥-영적 대추수와 이스라엘에서의 제3의 성전의 건립, 전 세계적인 정부의 탄생은 부인할 수 없는 또 다른 재림의 임박한 경고가 될 것이다.

그럼에도 불구하고, 우리가 유의해야 할 점은 신자 된 우리가 성령 안에서 기도하고 깨어있지 못하면, 이러한 뚜렷한 재림의 징조들도 우리 곁에서 흘러가는 자연스러운 세계적인 현상으로만 이해되고, 많은 영혼이 심지어 많은 신자가 미혹되어 배도의 역사 속에 자신의 영혼을 잃어버리게 될 것이라는 사실이다(살후 2:3).

동시에 종말론적 배도라는 역사의 물결 속에는 그동안 교회의 뜰은 무수히 밟았지만, 예수 그리스도를 인격적으로 도무지 알지 못하는 형식적인 명목상의 신자들(Nominal Christians)도 무수히 포함된다는 점이다.

이들은 물과 성령으로 거듭나지 못한 자들이며, 이들의 영혼 속에는 십자가의 피묻은 보혈의 흔적이 전혀 없는 사람들이다. 한 번도 거룩하신 하나님의 말씀과 임재 앞에서 깊이 회개하지 못한 영혼들이며, 자신의 이름과 욕망과 자신만의 세속적인 영광을 위해 살았던 그런 사람들이다.

더 두려운 사실은 한때 많은 신령한 은사와 능력을 받아 하나님의 나라를 위해 크게 쓰임 받았고, 겸손한 마음으로 주님을 섬겼던 많은 탁월했던 세계적인 영적 지도자들도 높아진 영적 교만과 세속적인 바벨탑을 이 땅에 쌓으면서, 진리를 떠나 사탄의 종들로 타락하는 자들도 많이 나타날 것이라는 점이다(마 7:22-23).

그러므로 우리는 끝까지 깨어 있어야 한다. 우리 자신을 주님 앞에서 늘 겸손하게 낮추고, 성령의 음성에 민감하여 순종하며 내면적 죄악과 포기하지 않고 싸워야 한다. 육체적 유혹과 영적 미혹의 역사들을 분별하면서, 우리 자신이 거룩한 예수 그리스도의 신부의 자리에 늘 머물 수 있도록 깨어 있어야 한다.

말씀에 순종함으로 그리고 자아를 십자가에 못 박음으로써 우리 자신을 쳐서 승리해야만 한다.

지금은 구원과 은혜의 문이 모든 이들에게 활짝 열려 있는 시대이다. 그러나 이 문이 닫히는 때가 점점 우리 곁으로 다가오고 있다. 하늘의 문이 영원히 닫히는 때가 다가오고 있는 것이다. 바로 예수 그리스도의 재림의 날이다.

> 볼지어다 그가 구름을 타고 오시리라 각 사람의 눈이 그를 보겠고 그를 찌른 자들도 볼 것이요 땅에 있는 모든 족속이 그로 말미암아 애곡하리니 그러하리라 아멘(계 1:7).

영원히 닫힌 천국의 문 앞에서 통곡하는 이들에 대해 사도 요한은 그들 앞에 놓여 있는 또 다른 문인 영원한 지옥에 대해 기록하고 있다(계 21:8; 22:15). 지옥은 고난의 연기가 영원토록 계속되는 곳이다(계 14:10-11).

이 영원한 지옥에 던져진 잃어버린 영혼들의 울부짖음에 대해 일부 신학자들은 영원한 지옥의 교리를 반대하고 있다. 이들의 주장에 따르면, 하나님의 영원하신 사랑은 인간을 영원토록 지옥 불 속에 던져 넣을 수가 없다는 것이다.

어떤 이는 하나님의 놀라운 사랑과 긍휼이 우주보다 커서 지옥에 던져진 인간의 영혼을 포함하여 사탄과 악의 영들까지도 구원받는 그날이 올 것이라는 소위 '만유구원론'을 주장하기도 한다. 인간을 포함한 모든 피조 세계가 그리스도에 대한 믿음과 관계없이 하나님의 사랑 때문에 결국에는 궁극적으로 구원을 회복하게 된다는 것이다.

과연 그런가?

사도 요한이 기록한 성경의 마지막 책은 오히려 그와는 정 반대의 진리를 말하고 있다. 사도 요한이 주장하는 것은 "그리스도 안에서"의 만유구원론이다. 즉 예수 그리스도 안에서 끝까지 믿음을 지킨 신실한 신자들인 "이긴 자"들에게만 영원한 천국이 허락된다는 진리이다.

> 이기는 자는 이것들을 상속으로 받으리라 나는 그의 하나님이 되고 그는 내 아들이 되리라 그러나 두려워하는 자들과 믿지 아니하는 자들과 흉악한 자들과 살인자들과 음행하는 자들과 점술가들과 우상 숭배자들과 거짓말하는 모든 자들은 불과 유황으로 타는 못에

던져지리니 이것이 둘째 사망이라(계 21:7-8).

영원한 천국이 있다면 영원한 지옥도 존재한다. 사랑과 공의는 한 분 하나님 안에서 함께 존재한다. 즉 하나님은 구원과 심판의 하나님이시다. 하나님은 무조건적 사랑의 하나님으로만 존재하시는 분이 아니다. 하나님은 사랑만 있고 심판이 없는 하나님도 아니고, 심판에만 눈이 먼, 사랑이 없는 그런 하나님도 아니다.

지옥을 부인하는 것은 하나님의 사랑에만 눈이 멀어 하나님의 공의를 보지 못하는 지극히 인간적인 사상이다.

예수 그리스도의 십자가는 인간을 사랑하시는 하나님의 긍휼이 계시된 곳이며, 동시에 죄악과 악의 권세를 심판하시는 무서운 진노의 하나님이 계시된 장소이기도 하다. 어떤 인간이든 십자가의 복음을 믿음으로 받아들이고, 물과 성령으로 거듭난 신자들에게는 십자가란 죄의 용서와 사랑과 화평의 자리이다.

그러나 십자가의 복음이 거부된 자들에게 이 십자가는 여전히 하나님의 진노의 심판을 보여주는 무서운 자리인 것이다. 이러한 준엄한 심판 때문에 한 영혼이라도 구원받기를 간절히 원하시는 하나님은 스스로 고통당하시는 하나님으로 나타난다.

비록 그분이 전능하신 하나님이실지라도, 구원이란 그분 스스로의 공의 때문에 정해놓으신 독생자 오직 예수 그리스도 안에만 존재하는 것이기 때문에 그리스도 밖에 있는 자들에 대해서는 하나님은 지옥에 떨어진 그들조차도 구원하실 수 있는 전능하신 그분 자신의 능력을 제한하시며, 스스로 고통받으시는 하나님이시다.

이런 이유 때문에 끝까지 복음을 거부한 잃어버린 영혼들에 대한 하나님의 통곡이 존재하는 것이며, 십자가의 긍휼과 사랑을 거부한 채 스스로를 지옥으로 던지는 그 영혼들 때문에 언제나 피 흘리는 예수 그리스도의 깨어진 심장이 존재하는 것이다.

따라서 복음을 끝까지 거부하고 지옥에 던져진 모든 인간이 하나님의 사랑 때문에 마침내 모두 구원받을 것이라는 생각은 지극히 인간적인 희망사항이며, 성경의 확고한 지지를 받지 못하는 추상적인 신학이론일 뿐이다.

내가 문이니 누구든지 나로 말미암아 들어가면 구원을 받고 또는 들어가며 나오며 꼴을 얻으리라(요 10:9).

제 2 장

번제단 – 순교자적 영성의 세계

너는 조각목으로 길이가 다섯 규빗, 너비가 다섯 규빗의 제단을 만들되 네모 반듯하게 하며 높이는 삼 규빗으로 하고 그 네 모퉁이 위에 뿔을 만들되 그 뿔이 그것에 이어지게 하고 그 제단을 놋으로 싸고 재를 담는 통과 부삽과 대야와 고기 갈고리와 불 옮기는 그릇을 만들되 제단의 그릇을 다 놋으로 만들지며 제단을 위하여 놋으로 그물을 만들고 그 위 네 모퉁이에 놋 고리 넷을 만들고 그물은 제단 주위 가장자리 아래 곧 제단 절반에 오르게 할지며 또 그 제단을 위하여 채를 만들되 조각목으로 만들고 놋으로 쌀지며 제단 양쪽 고리에 그 채를 꿰어 제단을 메게 할지며 제단은 널판으로 속이 비게 만들되 산에서 네게 보인 대로 그들이 만들게 하라(출 27:1-8).

번제단-인간의 죄를 태우고 심판하는 곳

이야기 속으로 4

　스엘의 아버지 르엘은 두려운 마음으로 성막의 문을 통과했다. 성막의 뜰 가운데 무섭게 치솟아 오르는 번제단의 불기둥과 수많은 짐승을 태우는 매캐한 냄새, 그리고 뜰 여기저기에 뿌려져 있는 바닥을 적시는 짐승의 붉은 피와 그 피에서 스며 나오는 역겨운 냄새가 이 사내의 마음속에 형용할 수 없는 두려움과 고통을 불러 일으키고 있었다. 비록 이곳을 찾아오는 것이 일상적인 삶, 그 자체가 되어 버렸지만 하나님의 집 성막은 찾기에 늘 두려운 그런 곳이었다.

어린 양을 가슴에 안고 잠시 머뭇거리고 있는 르엘을 발견한 제사장은 반가운 얼굴로 그를 맞았다.

"안녕하십니까? 어서 오십시오."

르엘은 약간 떨리는 음성으로 더듬거리며 이렇게 말했다.

"저…저는 죄인입니다. 하나님의 용서를 받기 위해 이…이곳에 찾아왔습니다."

제사장은 그를 조용히 바라보며 이렇게 말했다.

"하나님은 오늘도 당신을 기다리고 계십니다. 당신은 죄인이지만, 하나님 앞에 존귀한 존재이기 때문입니다. 그러므로 이곳을 찾아오신 당신을 환영합니다!"

스엘의 아버지 르엘은 물끄러미 번제단을 바라보았다.

이 번제단의 크기는 가로 5규빗, 그리고 세로 5규빗(2.5m x 2.5m)이었다.

번제단은 광야에서 흔히 구할 수 있는 조각목(아카시아나무)을 놋(구리)으로 싸서 만든 것으로, 조각목과 놋 사이에 공기가 차단되어, 어떠한 강한 불 속에서도 번제단 내부의 조각목은 타지 않고 불에 잘 버틸 수가 있었다.

번제단 위에서 불타오르는 짐승들의 모습을 바라보면서, 르엘은 또다시 경악할 수밖에 없었다. 번제단의 불은 더럽고 추악한 인간의 범죄를 심판하시고 태우시는 하나님의 불 심판 바로 그것이었다. 르엘은 자기 품에 안겨있는 어린 양을 다시 한 번 바라보았다.

그 순간, 어린 양의 물기가 젖은 촉촉한 눈망울이 르엘의 눈과 마주쳤다.

애써 그 눈망울을 외면한 르엘의 마음은 짓누르는 중압감과 말할 수 없는 양심의 가책 때문에 더욱 힘들기만 했다. 르엘은 제사장을 바라보며 이렇게 말했다.

"제사장님! 이 어린 양이 정말…죽어야만 합니까?"

제사장이 단호한 표정으로 말했다.

"그렇습니다! 피 흘림이 없이는 죄 사함도 없으니까요"(히 9:22).

르엘은 어린 양을 힐끗 바라보며 이렇게 말했다.

"…하지만, 이 짐승은 아무런 죄가 없는데요…! 그리고 내 아들 스엘은 이 어린 양을 무척이나 사랑한답니다…."

제사장이 약간 홍조를 띤 얼굴빛으로 그를 조용히 바라보았다. 그리고 나지막한 어조로 그러나 분명하게 이렇게 대답했다.

"…그렇습니다. 당신도 알다시피…이 어린 양은 아무런 죄가 없습니다! 그러나 당신을 위해 죽어야만 합니다. 당신의 죄가 용서받기 위해서는, 당신은 먼저 이 짐승의 머리에 안수하고 당신의 죄를 이 짐승에게 옮겨야만 합니다. 그런 다음, 이 짐승이 당신을 위해 저 번제단에서 피를 흘리고 죽게 될 것입니다. 그렇지 않으면, 바로 당신이 당신의 죄 때문에 죽어야만 하니까요…."

안수 과정을 마친 후, 제사장과 레위인들은 즉각 어린 양을 번제로 바치는 작업을 시작했다. 그 순간에도 어린 양은 아무런 저항도 하지 않았다. 마치 모든 것을 체념한 사람처럼 어린 양은 묵묵히 번제단만 올

러다 볼 뿐이었다.

 다만 두려움으로 가득 찬 그 눈빛과 눈에 띄지 않게 가늘게 떨고 있는 작은 몸짓만이 그 어린 양이 죽음에 대해 어느 정도 공포를 느끼고 있음을 암시하고 있을 따름이었다.

 르엘은 부들부들 떨리는 손으로 어린 양의 목에 칼을 깊숙이 찔러 넣었다. 그 순간, 어린 양의 목 부위로부터 한 줄기 붉은 피가 용솟음치듯이 뿜어져 솟아 올라왔다. 그 피가 르엘의 이마와 눈가에 뿌려지면서, 이마에 맺힌 땀방울과 섞여 르엘의 얼굴을 타고 흘러내리기 시작했다.

 이러한 경험은 결코 유쾌한 경험이 아니었다! 그 모습을 묵묵히 곁에서 지켜보던 제사장은 르엘에게 피를 담을 수 있는 놋그릇을 건네주었고, 르엘은 어린 양의 목에서 흘러내리는 그 피를 놋그릇에 받아서 다시 제사장에게 건네주었다.

 제사장은 그 피를 번제단의 네 뿔에 바른 뒤, 번제단의 주변에도 피를 뿌리기 시작했다. 그 다음 르엘은 제사장과 레위인의 지시를 따라 어린 양의 가죽을 벗겨낸 다음, 준비된 날카로운 칼로 어린 양을 각 부위별로 각을 뜨기 시작했다.

 이러한 과정은 르엘에게는 고통 그 자체였다. 마침내 제사장은 그 각을 뜬 고기, 어린 양의 머리와 기름, 물로 씻은 내장과 정강이를 불붙는 번제단 위에 올려 놓았다(레 1:3-9).

 바로 이것이 성막에서 드려진 피의 제사였다. 이 피의 제사는 인간이 지은 죄를 하나님께 용서받는 화목제의 예배 그 자체이며, 하나님의 긍휼을 받기 위해 이스라엘이 하나님 앞에 짐승을 불살라 드리는 번제였던 것이다.

> 르엘은 그 모든 과정을 번제단 곁에서 숨을 죽이고 지켜보아야만 했다. 그 번제단에 죽임을 당하고 바쳐진 그 어린 양이 바로 르엘 자신이라는 생각이 들자, 르엘은 두려움으로 몸을 떨었다. 하나님 앞에서 지은 죄악의 무게와 결과적으로 감수해야만 하는 그 무서운 심판 앞에서 르엘은 자신도 모르게 마음속으로 이렇게 울부짖기 시작했다.
> "오! 하나님. 저를 불쌍히 여기소서!"

1. 번제단 - 십자가의 영성

모든 인간은 성막을 찾아갔던 르엘처럼 각자의 삶 속에서 죄를 지을 수밖에 없는 존재이다. 사도 바울은 이렇게 말씀하고 있다.

> 기록된 바 의인은 없나니 하나도 없으며(롬 3:10).

우리가 발견해야 할 가장 위대한 진리 중의 하나는 우리들은 죄로부터 결코 자유로울 수 없는 존재라는 사실이다. 우리는 오늘도 하나님 앞에서 범죄하고 있다.

따라서 우리는 하나님 앞에서 부끄러운 존재일 수밖에 없다. 인간의 내면세계를 간파하신 주님의 말씀을 보라.

> 속에서 곧 사람의 마음에서 나오는 것은 악한 생각 곧 음란과 도적질과 살인과 간음과 탐욕과 악독과 속임과 음탕과 흘기는 눈과 훼방과 교만과 광패니 이 모든 악한 것이 다 속에서 나와서 사람을 더럽게 하느니라(막 7:21-23).

인간의 죄악은 필연적으로 하나님의 심판을 받게 되어 있고, 따라서 번제단의 불과 연기는 그 심판의 결과인 지옥의 형벌을 예고하고 있었다(계 14:10-11). 그러나 절망적인 이러한 현실 속에서 인간으로 하여금 하나님 앞에 당당하게 서게 만드는 놀라운 복음의 소식이 있다. 그 소식은 하나님이 예수 그리스도 안에서 인간의 죄를 용서하시고 치유하시는 하나님이라는 성경의 진리이다.

따라서 기독교가 구원을 추구하는 다른 인간적인 종교들과 다른 점은 죄인들이 하나님 앞에 용서받은 의인으로서 담대히 나갈 수 있는 길을 하나님 자신이 만들어 주셨다는 사실이다. 바로 그 길이 구약의 이스라엘 백성이 찾아갔던 번제단이었다.

번제단은 인간의 모든 죄가 그 대가를 지불하는 무서운 '심판의 자리'였고, 동시에 번제단은 인간의 모든 죄가 용서되는 '긍휼의 자리'였다.

이야기 속으로 5

번제단에서 어린 양을 바치고 난 르엘은 성막을 빠져나와 집으로 향했다. 여전히 광야의 메마르고 따가운 바람은 르엘의 얼굴을 스치며 지나가고, 발길에 채이는 뿌석뿌석한 먼지는 그의 곁에서 어지러이 흩어지고 있었지만 석양에 붉게 물든 광야의 초저녁 하늘은 오늘따라 유난히 아름답기만 했다.

자기 대신 번제단에서 죽임을 당한 어린 양에 대한 고통스런 기억이 채 사라진 것은 아니지만, 하나님 앞에서 용서받은 기쁨과 위로가 르엘의 마음속에 상대적으로 더 크게 자리 잡고 있었기 때문이다.

장막 집으로 돌아오면서 르엘은 새삼스럽게 인간의 변덕스러운 마음을 깊이 묵상하며 깨닫고 있었다. 가나안 땅에 대해 설레는 그 꿈은 때로는 자신에게 포기할 수 없는 간절한 소망을 주기도 했지만 어떤 때는 아침부터 초저녁까지 가도 가도 끝이 없는 광야 길을 행진하노라면, 자신도 모르게 깊은 곳으로부터 터져 나오는 불평과 형언할 수 없는 분노가 하루에도 몇 번씩이나 계속되곤 했다.

그러한 불평과 분노는 어느새 아내와 아이들에게로 엉뚱하게 방향을 바꾸어 간헐적으로 폭발하곤 했던 것이다. 처음에는 곧 가나안 땅에 들어가리라고 기대했던 그 희망의 길도 그동안 몇 번씩이나 행군의 진로가 바뀌면서 르엘 또한 지쳐버렸다.

이제는 찾기 힘든 일종의 미로가 되어 버렸다는 생각이 여전히 그의 머릿속을 어지럽히고 있었다.

그러나 부인할 수 없는 하나님의 임재의 구름은 하나님을 다시 바라보는 힘이 되었고, 이스라엘을 위해 하나님이 행하셨던 놀라운 광야의 기적들은 반복적으로 하나님에 대한 믿음을 샘솟게 만드는 근원이 되곤 했다. 르엘은 이스라엘의 장막 집들과 하나님의 성막을 다시 한 번 바라보았다.

아직도 몇몇 행렬은 성막을 향해 분주히 움직이고 있었다. 늦을 새라 총총 걸음으로 스치고 지나가는 수많은 낯익은 얼굴들이 눈에 보이고, 저마다 가슴에 어린 양을 비둘기를 때로는 염소와 송아지를 몰고 성막으로 늦은 발걸음들을 재촉하고 있었다.

먼지로 뒤덮인 천막집의 입구 휘장을 젖히며 들어선 르엘은 마침 저녁을 준비하던 아내에게 나지막한 소리로 이렇게 말했다.

"여보, 미안해…. 내가 잘못했어…. 나도 이제부터는 하나님과 사람 앞에서 변화된 삶을 살도록 더 노력할게. 다만, 내 속에 있는 쓴 뿌리들과 분노를 내 자신이 다스릴 수 있도록 나를 좀 도와줘…."

구석에 앉아있던 스엘은 아버지의 솔직한 그런 모습을 바라보면서, 어린 양에 대한 아픔과 아버지에 대한 원망의 감정이 조금씩 치유되는 것을 느낄 수 있었다.

그리고 자신의 마음속 깊은 곳에 따뜻함과 평안함이 대신 자리 잡는 것을 가만히 느끼고 있었다.

성막 안에 존재했던 이 번제단은 그럼에도 불구하고 불완전했다.

이스라엘 백성들은 끝없이 범죄했고, 끝없이 짐승들을 가지고 번제단을 방문해야 했으며, 수많은 짐승들이 끝없이 번제단 위에서 불태워져야만 했다.

따라서 하나님은 이 반복적인 피의 제사를 그리스도 안에서 완성시키기 위해 종말의 때에 그분의 아들 예수 그리스도를 인간의 몸으로 세상에 보내셨다.

구약적 번제제사이며, 신약적 십자가 사건은 이스라엘의 출애굽 사건에서 시작되었다.

이스라엘이 이집트 바로의 권세로부터 해방되기 전, 하나님은 고센 땅에 거했던 그분의 백성들에게 어린 양의 피를 집 대문에 바르게 하시고, 죽음의 천사가 이집트의 모든 맏아들을 죽이는 무서운 재앙으로부터 보호하셨다(출 12장). 성경은 이 날을 여호와의 유월절(the Lord's Passover)이라고 부른다.

예수님은 신약 시대에 숱한 죄악들과 사탄의 권세 아래에서 고통당하는 인간을 해방하시기 위해 메시아적 전사(the Messianic Warrior)요, 세상 죄를 지고 가는 하나님의 어린 양으로 오셨다(요 1:29). 그리고 유월절 어린 양으로 십자가에서 돌아가시고 부활하셨다(고전 5:7).

이제 이 땅의 모든 인간은 십자가의 죽음과 부활을 통해 죄와 사탄의 권세를 깨뜨리신 예수 그리스도를 믿음으로 하나님을 아바 아버지라 부르게 되었고, 영원한 생명을 얻게 되었다. 그렇다. 이 구원의 사건이 바로 성막의 번제단을 통해 계시된 예수 그리스도의 십자가인 것이다.

존 로우(J. Rouw)는 다음과 같이 이 진리를 노래하고 있다.

> 전에는 땅 위의 제사장이 이제는 하늘의 제사장이,
> 전에는 동물로 이제는 하나님의 어린 양으로,
> 전에는 많은 희생제물을 이제는 단 한 번의 희생으로,
> 전에는 자주 제사를 이제는 단 한 번 십자가의 보혈로,
> 전에는 순간적인 용서가
> 이제는 예수 그리스도 안에서 영원한 용서가,
> 전에는 불완전한 제사가
> 이제는 완전한 그리스도의 십자가가 선포되리라.

동시에 우리는 번제단을 다음과 같이 노래해야 한다.

> 이 커다란 놋제단, 위로 활활 타오르는 무서운 불길
> 하늘로 치솟아 오르는 시커먼 연기
> 제단의 네 귀에서 나온 뿔
> 거기엔 피가 발라져 있고
> 이곳에 우리 주 예수 그리스도의 피 묻은 십자가가 있나니,
> 우리를 위해 몸 찢고 피 흘리신 그분의 절규가
> 우리를 사랑하시는 그분의 몸부림이
> 죄의 저주가 무너지는 소리가 십자가에서 들리고
> 사탄의 권세가 깨뜨려지는 소리가 십자가에서 들리나니,

하늘 아버지의 우리를 향한 사랑이 완성되고
천사장의 나팔소리와 함께 주님이 재림하실 그때,
십자가의 구원은 완성되리라. 영원히.

2. 번제단 - 순교자의 영성

따라서 우리는 신약의 번제단, 즉 그리스도의 십자가를 통해 죄의 용서함을 받았다. 그리고 주 하나님이 베푸신 은혜의 자리로 초청되었다. 우리들은 하나님의 백성으로서 죄를 용서받고 구원을 받은 것이다. 그러나 그럼에도 불구하고, 우리는 이 초보적인 단계에 머물러서는 결코 안 된다.

구약의 성막 시대에는 성막 안에서 직분별로 해야 할 일들이 구분되어 있었다. 즉 일반 백성들은 번제단까지 접근이 가능했고, 제사장들은 성소 안에까지, 그리고 대제사장은 대속죄일에 지성소 안으로 들어가는 일이 허락되었다.

그러나 오늘날 신자들에게는 이러한 구분이 있을 수 없다. 예수님을 믿고 번제단에서 구원받은 자들은 제사장들이 감당했던 성소의 영역 안으로 들어가야 한다.

더 나아가 대제사장들이 들어갔던 지성소 안에까지 들어가야만 한다. 이제는 그리스도 안에 들어온 초신자들이 영적으로 점점 성장하여 초대 교회 사도들과 선지자들의 영성에까지 자라나야만 한다는 것이다. 이것이 하나님의 뜻이다!

　따라서 주님의 재림을 준비하는 마지막 시대의 교회들은 거룩한 신부의 영성과 영적 용사로서의 영성을 가진 사도적이고 선지자적인 주님의 제자들을 끊임없이 훈련하고 양성하여 세상 속으로 파송하는 역할을 감당해야만 한다.

　다시 강조하거니와, 성막 안에 존재했던 번제단의 의미가 단순히 죄를 용서받고 구원받는 그 단계만을 의미하진 않는다. 신자들에게 십자가의 은혜의 의미가 죄를 용서함 받는 것 그 자체만으로 끝날 수는 없다는 것이다. 예수 그리스도를 믿는 믿음의 세계가 단지 죽어서 천국에 가는 것만으로 만족될 수 없다는 것이다.

　사도 요한의 말씀을 보라. 그는 하늘의 번제단 옆에서 하나님께 탄원하는 마지막 시대의 신자들에 대한 환상을 보았다. 십자가를 통해 구원받은 신자들이 하나님을 알아가는 장성한 믿음의 분량에까지 이르러, 이제는 그들이 사랑하는 주님을 위해 영적 번제단에서 생명을 바치는 놀라운 환상이다. 바로 순교자적 영성이다.

> 다섯째 인을 떼실 때에 내가 보니 하나님의 말씀과 그들이 가진 증거로 말미암아 죽임을 당한 영혼들이 제단 아래에 있어 큰 소리로 불러 이르되 거룩하고 참되신 대주재여 땅에 거하는 자들을 심판하여 우리 피를 갚아 주지 아니하시기를 어느 때까지 하시려 하나이까 하니 각각 그들에게 흰 두루마기를 주시며 이르시되 아직 잠시 동안 쉬되 그들의 동무 종들과 형제들도 자기처럼 죽임을 당하여

그 수가 차기까지 하라 하시더라(계 6:9-11).

요한계시록 11장에서도 미래적 두 증인은 마지막 엘리야와 모세의 능력과 권세로 사역하지만 무저갱에서 올라오는 마지막 원수와 싸우는 그 영적 전쟁에서 무력하게 패배하며 죽음을 맞이한다. 일찍이 우리 주 예수님은 십자가 위에서 조롱을 당하시고 고난 가운데 자신을 하나님께 거룩한 제물로 바치셨다(히 7:27).

주님을 따르는 참된 신자들인 두 증인 또한 적그리스도와 싸우는 그 거룩한 영적 전쟁터에서 자신들을 주님 앞에 거룩한 제물로 바친다. 그 옛날 자신이 섬기는 왕을 위해 말없이 생명을 바쳤던 고대의 전사들같이.

종말론적 영성을 대표하는 두 증인의 믿음을 소유한 마지막 시대의 참된 신자들은 신약의 번제단인 십자가 위에서 자신을 하나님의 어린 양으로 아버지 하나님께 생명을 드렸던 예수 그리스도를 본받아 그 고난의 길을 선택한다. 주님처럼 자신들을 그리스도의 어린 양으로 순교의 번제단에 생명을 드리는 것이다.

참된 신자들은 믿음 때문에 세상으로부터 받는 고난과 박해를 승리를 위한 자연스러운 과정으로 이해한다. 신자들은 이 땅에서 순례자의 영성을 소유한 사람들이다. 주님이 허락하신 세상 속에서 신자들로서 최선을 다하는 삶을 살지만, 이 땅의 삶이 나그네의 인생임을 신자들은 알고 있다.

따라서 신자들의 궁극적인 소망이 이 땅이 아닌, 새 하늘과 새 땅에 있기 때문에 그 영원한 본향을 위해 믿음의 조상들처럼 신자들은 기꺼이 이 땅의 영광을 포기할 수 있는 것이다. 순례자의 영성과 순교자의 영성은 그 맥을 같이 하기 때문이다.

주 예수님이 재림하시는 그날까지 기독교에 대한 박해는 더욱 더 심해질 것이다. 그때까지 피 흘리는 순교자의 수는 채워져야 하고(계 6:11), 순교는 삶과 사역의 실패가 아니라 승리를 위한 씨앗이 될 것이다.

마지막 때의 하나님의 나라는 성령을 통한 능력과 기적들을 통해서 확장될 것임을 부인할 수 없지만 그럼에도 불구하고, 초대 교회 시대처럼 주님의 나라는 고난과 순교를 통해 완성될 것이다.

따라서 충성스러운 주님의 교회들은 마지막 때의 순교를 준비하며 이 땅에서 순교적 삶을 추구하는 교회들이 된다. 그러나 죽음을 인간적으로 열망하는 교회가 아닌, 주님의 뜻이라면 순교할 수 있는 교회들이다. 예수님도 처음에는 십자가의 죽음을 피하려고 했으나, 그 죽음이 피할 수 없는 절대적인 아버지의 뜻임을 확인한 후 십자가의 죽음을 스스로 선택하셨다.

지금도 북한 땅에서 그리고 이슬람권 안에서는 예수 그리스도를 믿는 개종자들에게 참혹한 박해가 가해지고 있다. 즉 믿음을 지키기 위한 순교의 피가 끊임없이 이 땅 위를 흥건하게 적시고 있는 것이다.

그러나 신자들은 궁극적으로 승리할 것이다. 신자들은 육체는 죽여도 영혼을 죽이지 못하는 자들을 두려워하지 않고, 육신과 영혼을 동시에 멸할 권세를 가지신 주님 한 분만을 두려워하고 사랑하기 때문이다. 우리는 박해가 심해질수록 주 예수의 보혈을 더욱 찬양하고 힘있게 선포해야 한다.

왜냐하면, 거칠고 피묻은 예수의 십자가만이 교회공동체가 의지할 수 있는 유일한 피난처요, 궁극적인 승리의 보장이 되기 때문이다. 마지막 때의 참된 교회들은 예수 그리스도를 위해 순교할 수 있는 강한 영적 전사들을 양성하며, 배교하지 않고 끝까지 주님을 사랑하는 그리스도의 신부를 키워내는 교회들이 될 것이다. 주님을 위해 순교할 수 있는 거룩한 그리스도의 신부들은 하나님의 불붙는 사랑에 사로잡힌 사람들이며, 그 사랑에 눈이 먼 사람들이다. 예수님을 자신의 생명보다 더 사랑하는 사람들이다.

그러나 이러한 주님의 거룩한 신부들이 처음부터 순교자의 고귀한 영성을 소유한 사람들은 아닐 것이다. 처음부터 성숙한 신자들이 절대 아니었다는 의미이다. 사실은 정반대라고 말할 수도 있다. 그들은 다른 어느 누구보다도 치욕적인 죄악의 흔적들을 가지고 있는 자들이 대부분이다. 그들은 입 밖에 말하기도 부끄러운 과거의 경험들을 소유한 사람들이다.

그들 중 많은 사람이 세상으로부터 버림받고, 숱한 상처들로 찢겨진 사람들이었다. 이혼과 성폭행의 상처들과 부도덕함과 소심함으로 사람들이 보기에도 전혀 쓸모없는 사람들이었다. 그런데 이러한 죄인들을 주님이 찾아오시고 만나주셨다. 그리고 그들을 놀랍게 치유하고 회복시켜 주셨다.

따라서 그들은 주님의 부어주신 은혜와 감당할 수 없는 사랑에 감격한 사람들이 되었다. 오직 예수님만을 위해 충성하기로 선포한 사람들이 되었다. 오직 예수님 한 분만으로 기쁨으로 살아가는 사람들이 된 것이다. 바로 그들에게 주님은 하늘의 권능을 쏟아 부어주셨다. 주님의 영광의 임재 앞으로 그들을 초청하셨다.

그리고 소중한 진리들을 풀어 보여주셨다. 주님은 가장 낮고 가장 비천한 그들을 통해 주님의 다시 오심을 준비하게 하실 것이다. 그들이 바로 거룩한 그리스도의 신부들이며, 하나님의 종말론적 군대들이다! 그리고 그들이 이 책을 읽고 있는 바로 저와 여러분이다.

우리가 비록 연약하고 보잘것없어도 우주의 주인 되신 주님이 우리를 그분의 신부와 군대로 선택하셨기 때문에 사탄도 감히 손을 댈 수가 없다. 이것이 온 우주의 허물과 죄를 덮는 주님의 놀라운 사랑과 은혜이다. 생각해 보라.

우리가 성화되어 거룩해진들 어느 정도 수준에까지 이르겠는가?

비록 인간들 앞에서는 변화된 성자라고 불리운다 할지라도, 그리고 거룩한 그분의 신부들로 인정받을지라도, 언제나 빛 되신 주님 앞에 서면 그 거룩한 빛 앞에서 너무나 초라해 떨 수밖에 없는 죄인들일 뿐이다.

우리가 최선을 다해 할 수 있는 일은 이 땅에서 그리스도를 닮아가기 위한 작은 몸부림, 바로 그것이다. 마지막 때 순교자의 삶을 이 땅에서 살아내고, 순교자의 영성을 소유하는 것은 결코 쉬운 일은 아니다. 대부분의 우리에게는 마치 그것은 도달하기 힘든, 거대하고 높은 산의 정상처럼 보일 수도 있다.

단언컨대, 우리의 능력으로는 안 된다. 주님의 능력으로만 가능하다.

주님 자신이 하나님의 나라를 위해 이 일을 이루실 것이다. 그러므로 우리가 찬양하는 것은 우리의 연약함에도 불구하고 부어주시는 그분의 은혜이다. 주님의 은혜가 없이는 아무것도 할 수도, 이룰 수도 없기 때문이다.

순교자는 하루아침에 태어나는 것이 아니다. 순교자의 영성이 한순간에 만들어지는 것도 아니다. 그것은 매일매일 일상적인 삶 속에서 쌓여진 순종과 헌신이라는 자궁 속에서 태어난다.

그리고 순교자의 영성은 매일매일 우리 자신을 십자가에 못박는 그 고통스런 자리에서 흘러내리는 바로 그 자양분을 먹고 자라난다. 그래서 그 어느 날, 주님이 원하시는 그 어느 때에 일상적인 삶 가운데 순교자의 삶을 살았던 신자들 가운데 순교자들이 나타날 것이다.

따라서 작은 일에 먼저 희생하고 헌신하자. 한 걸음을 양보하고 두 걸음을 물러나서 겸손히 다른 이들을 섬기자. 이것이 순교자적 영성의 시작이다.

번제단은 예수님을 믿고 구원받는 것으로 만족하는 신자들을 거부한다. 요한계시록의 번제단은 그 곁에서 기도하는 순교자들을 보여준다. 초신자의 자리에서 순교자의 영성에까지 자라가야 할 제자도의 절정을 보여주고 있는 것이다.

그 길은 좁은 길이요, 그 문은 좁은 문이다. 따라서 번제단은 예수 그리스도를 끝까지 따라가기를 원하는 제자들에게 고난의 영성을 요구하는 험한 십자가의 자리인 것이다.

제 3 장

물두멍 – 영적 투쟁과 승리

여호와께서 모세에게 말씀하여 이르시되 너는 물두멍을 놋으로 만들고 그 받침도 놋으로 만들어 씻게 하되 그것을 회막과 제단 사이에 두고 그 속에 물을 담으라 아론과 그의 아들들이 그 두멍에서 수족을 씻되 그들이 회막에 들어갈 때에 물로 씻어 죽기를 면할 것이요 제단에 가까이 가서 그 직분을 행하여 여호와 앞에 화제를 사를 때에도 그리 할지니라 이와 같이 그들이 그 수족을 씻어 죽기를 면할지니 이는 그와 그의 자손이 대대로 영원히 지킬 규례니라(출 30:17-21).

물두멍-거룩한 씻음과 승리의 상징

이야기 속으로 6

스엘은 어느 날 문득 성막을 찾아가고 싶었다. 호기심이 많은 어린 스엘이 보기에도 성막은 언제나 신비로움을 머금고 있는 성역임에 틀림이 없었다. 어느새 성막까지 한걸음에 냅다 가로질러 도착한 스엘은 빨갛게 상기된 얼굴에 가쁜 숨을 몰아쉬며, 성막으로 들어가는 어른들의 뒤를 따라 주춤거리며 성막뜰로 들어섰다.

언제나 바라보기만 해도 무서운 그 불타는 번제단을 한참이나 바라보다가, 스엘은 번제단 뒤쪽으로 약간 떨어져 있는 물두멍을 발견했다. 한 제사장이 그곳에서 손과 발을 정성껏 씻고 있는 모습이 확연히 눈에 띄었다.

스엘은 바로 옆에 서 있는 한 제사장에게 이렇게 물었다.

"저…제사장님! 저기 계신 저 분도 제사장님 아니신가요? 그런데 왜 저기서 손과 발을 깨끗하게 씻고 계신가요?"

제사장이 스엘을 바라보며 빙긋이 웃었다.

"제사장은 저기 성소 안으로 들어가서 사역을 해야 하기 때문에 물두멍에서 손과 발을 반드시 씻어야만 한단다. 그러나 일반 백성들은 상관이 없는 일이지. 왜냐하면, 그들은 성소 안으로는 더 이상 들어갈 수 없기 때문이지. 제사장들만 성소 안으로 들어갈 수 있단다. 너도 알다시피, 이곳 광야지대는 늘 푸석거리는 먼지들로 가득하지 않니? 하나님의 성소 안에 들어가기 위해서는 제사장이 먼저 손발을 깨끗하게 해야 한단다. 거룩하신 하나님을 곁에서 섬겨야 하니까…."

스엘은 옆에서 고개만 끄덕거리고 있었다.

"하나님의 명령은 엄격하셔서…만일, 손과 발을 씻지 않고 성소에 들어가면, 하나님께 죽임을 당하게 된단다"(출 30:20).

제사장의 그 말을 듣고 어린 스엘의 얼굴빛이 두려움으로 변하기 시작했다.

그 모습을 바라보면서 제사장은 마치 스엘을 안심이라도 시킬듯이 얼굴에 작은 미소를 머금고 이렇게 말했다.

"그러나…저 물두멍은 우리에게 소망을 주는 또 다른 큰 의미를 담고 있단다."

스엘의 눈빛이 반짝하고 호기심으로 빛이 났다.

스엘의 적극적인 반응에 제사장은 목소리를 한 번 가다듬고 난 후, 조용한 음성으로 말을 이어 나갔다.

"우리 이스라엘이 모세님의 인도로 출애굽을 하고 곧 홍해바다 앞에서 큰 어려움에 빠졌을 때, 하나님은 큰 권능의 손으로 그 바다를 가르시고 우리로 마치 마른 땅을 밟고 지나가듯이 그 바다를 건너게 하셨단다. 우리 이스라엘은 승리를 주신 하나님의 권능을 찬양했었지. 저 물두멍은… 바로 그 홍해바다를 상징하고 있단다. 우리로 하여금 늘 승리케 하시는 구원자요, 왕으로서의 하나님을 기억하도록 만드는 거룩한 성물이지."

스엘은 말없이 물두멍을 바라보며 그 깊은 의미를 가슴속에 조용히 되새기고 있었다.

1. 물두멍 - 홍해바다의 승리를 기억하라

우리가 위에서 읽은 바와 같이, 물두멍의 일차적인 기능은 제사장이 손과 발을 깨끗하게 하고 거룩한 주님의 사역을 성소 안에서 잘 감당하기 위해서이다(출 30:17-21).

따라서 물두멍의 영성에는 날마다 자신의 모습을 하나님 앞에서 돌아보고, 성령 안에서 말씀으로 자신을 정결케 하는 거룩함과 성화의 과정이 나타나있다(엡 5:26).

예수님 당시에도 유대교의 정결법에 따라 유대인들이 외출했다가 집에 돌아오면 물로 손과 발을 늘 깨끗하게 씻어야만 했다. 가나의 혼인잔치 자리에서 주님이 기적의 도구로 사용하셨던 물 항아리가 바로 그런 용도였다(요 2:6).

그러나 물두멍에는 또 다른 의미가 숨겨져 있다. 바로 이스라엘 백성들이 건넜던 홍해바다의 상징이다. 성막에서의 물두멍은 훗날 솔로몬 성전에서 재현되는데 그때 솔로몬은 하나님의 말씀에 따라 성전을 지으면서 10개의 작은 물두멍 위에 '바다'(the Sea)를 상징하는 거대한 물두멍을 따로 만들어 놓았다.

이것은 물을 담는 거대한 놋그릇이었는데, 이 바다모형은 바로 홍해바다를 상징하고 있었고 홍해바다는 이스라엘이 쟁취한 승리의 상징이었다.

또 바다를 부어 만들었으니 그 직경이 십 규빗이요 그 모양이 둥글며 그 높이는 다섯 규빗이요 주위는 삼십 규빗 줄을 두를 만하며 그 가장자리 아래에는 돌아가며 박혀 있는데 매 규빗에 열 개씩 있어서 바다 주위에 둘렸으니 그 박은 바다를 부어 만들 때에 두 줄로 부어 만들었으며 그 바다를 소 열두 마리가 받쳤으니 셋은 북쪽을 향하였고 셋은 서쪽을 향하였고 셋은 남쪽을 향하였고 셋은 동쪽을 향하였으며 바다를 그 위에 놓았고 소의 뒤는 다 안으로 두었으며 바다의 두께는 한 손 너비만 하고 그것의 가는 백합화의 양식으로 잔 가와 같이 만들었으니 그 바다에는 이천 밧을 담겠더라(왕상 7:23-26).

출애굽기 15장은 이스라엘을 위해 전쟁하시는 하나님(출 14:14)을 찬양하는 "모세의 노래"를 기록하고 있는데, 이 노래는 이스라엘 백성이 홍해를 건넌 후 홍해 바닷가에서 불렀던 승리의 찬가였다. 그리고 우리는 요한계시록 15장을 읽을 때 모세 당시의 홍해바다가 이제는 하늘의 유리 바다와 동일한 영적 의미를 가지고 있음을 알 수 있다.

또 내가 보니 불이 섞인 유리 바다 같은 것이 있고 짐승과 그의 우상과 그의 이름의 수를 이기고 벗어난 자들이 유리 바닷가에 서서 하나님의 거문고를 가지고 하나님의 종 모세의 노래, 어린 양의 노래를 불러 이르되 주 하나님 곧 전능하신 이시여 하시는 일이 크고 놀라우시도다 만국의 왕이시여 주의 길이 의롭고 참되시도다 주여 누가 주의 이름을 두려워하지 아니하며 영화롭게 하지 아니하오리이까 오직 주만 거룩하시니이다 주의 의로우신 일이 나타났으매 만국이 와서 주께 경배하리이다 하더라(계 15:2-4).

여기에서 사도 요한이 본 "불이 섞인 유리 바다"는 불로 상징되는 하나님의 능력과 권세 그리고 그분의 궁극적인 심판를 통해 영적 홍해 바다인 유리 바다가 갈라지고, 신자들이 궁극적인 구원을 받을 것임을 예고하고 있는 환상이다.

이는 요한계시록 16장에 예고된 마지막 재앙인 일곱 개의 대접재앙들과 주님의 재림 사건을 통해 성취된다. "바다"는 구약성서와 요한계시록에서 혼돈의 바다를 의미하며, 동시에 무저갱 또는 음부로부터 나오는 사탄의 권세를 상징한다.

예를 들면, 요한계시록에서는 용인 사탄이 예수님의 증거를 가진 자들로 더불어 싸우기 위해 "바다 모래" 위에 서며(계 12:17), 또 "바다"에서 짐승인 마지막 때의 적그리스도가 등장한다(계 13:1).

특히 요한계시록 15:2에는 불이 섞인 유리 바닷가에서 승리자들인 하나님의 백성들이 승리의 찬가인 "어린 양의 노래"를 부르는 장면이 소개되는데, 이는 마지막 때의 박해와 환난을 견디며 순교의 피를 흘리기까지 믿음으로 승리한 신자들이 마지막 진노의 일곱 대접 심판을 앞두고 하늘의 유리 바닷가에서 승리의 찬가로 하나님을 찬양하고 있는 모습을 사도 요한이 기록하고 있는 것이다.

즉 하나님은 마지막 때에 죄악과 악의 권세를 반드시 심판하실 것이며, 예수 그리스도의 거룩한 신부들을 위해 그분의 거룩한 전쟁을 통해 승리케 하실 것임을 약속하고 있다는 것이다. 따라서 하늘의 보좌 앞에 놓인 유리 바다는 사탄과 죄악된 세상에 대한 주님의 승리하심에 대한 예언적 상징인 동시에, 야훼 하나님이 인도하시는 종말론적 거룩한 전쟁에 있어서의 전리품인 것이다.

그 옛날 이스라엘 백성은 가나안 땅의 비전을 가지고 달려갔다. 그 때 홍해바다는 그들의 앞길을 막는 사탄적 장애물이었고, 절망 그 자체였다. 그 홍해바다는 이스라엘 백성의 발목을 붙들고 가는 길을 가로막고 있었다. 그러나 우리는 다시 기억하자. 하나님이 이 홍해바다로 그들을 인도하셨다는 사실을. 바로 이곳에서 이스라엘은 하나님의 능력을 체험했고 그분의 놀라운 영광을 보았다.

하나님이 이 사건으로 이스라엘에게 무엇을 교훈하셨는가?

그분의 백성 된 이스라엘은 어떠한 순간에도 오직 하나님 그분만을 의지해야 하는 존재라는 사실이 아닌가?

이 홍해바다는 이제 하나님의 지시에 따라 성막 뜰로 옮겨졌다. 바로 물두멍이다. 제사장들이 손과 발을 씻기 위해 물두멍에 가득 채운 물은 바로 홍해바다를 상징했다. 그러므로 제사장들은 이곳에서 손과 발을 씻을 때마다 출애굽의 역사를 통해 여전히 말씀하시는 하나님의 다음과 같은 음성을 계속해서 들어야 했다.

> 나는 너를 애굽 땅, 종 되었던 집에서 인도하여 낸 너희 하나님 여호와로라(출 20:2).

이 얼마나 감격스런 하나님의 말씀인가. 물두멍은 이스라엘이 지나

온 역사의 현장에 함께하셨던 하나님의 음성을 그대로 간직하고 있었다. 뿐만 아니라, 물두멍은 그때 그 역사의 현장에서 이스라엘에게 외쳤던 모세의 음성 또한 간직하고 있었다.

기억하는가?

그때 이스라엘 백성들은 홍해바다 앞에 있었고, 그들은 온 땅을 진동시키는 이집트 군대의 말발굽 소리와 병거들이 몰려오는 소리를 들었다. 그리고 그들은 하늘을 덮은 그 희뿌연 먼지들을 보았다. 그 죽음의 그늘 앞에서 절망감과 무력감에 몸을 떨며 두려움으로 울부짖었던 이스라엘 백성들 앞에서 모세는 담대하게 이렇게 선포했었다.

> 너희는 두려워 말고 가만히 서서 여호와께서 오늘날 너희를 위하여 행하시는 구원을 보라. 너희가 오늘 본 애굽 사람을 또 다시는 영원히 보지 못하리라 여호와께서 너희를 위하여 싸우시리니 너희는 가만히 있을지니라 (출 14:13-14).

모세는 두려워 떨고 있는 이스라엘 앞에서 하나님은 이스라엘을 위해 전쟁하시는 전능자 하나님이심을 담대히 선포했고(God's Holy War), 이스라엘은 출애굽의 역사에 있어서 가장 웅장하고 드라마틱한 놀라운 기적을 보게 되었다. 그들은 홍해가 두 쪽으로 갈라지는 장면을 직접 눈으로 목격했다. 그리고 모세와 이스라엘 백성들은 새 노래로 하나님께 영광을 돌렸다. 바로 "모세의 노래"(출 15장)이다.

따라서 이 물두멍은 제사장들로 하여금 이스라엘이 홍해를 마른 땅

같이 밟고 지나갔던 홍해 사건을 기억케 만들었다. 그리고 바로 그 기적을 행하신 하나님을 기억하게 만들었다. 물두멍은 그 모든 역사적 기억들을 끊임없이 새롭게 하는 하나의 강력한 상징이었다.

그렇다! 물두멍은 하나의 전리품이다!

하나님이 이스라엘을 위해 친히 싸우신 거룩한 영적 전쟁의 전리품이다! 하나님이 그분 자신의 능력으로 승리를 거두셨다. 그리고 그 전쟁의 전리품을 자기 백성 이스라엘에게 선물하셨다. 따라서 물두멍은 이스라엘에게 승리를 약속하는 전리품이며, 요한계시록과 종말론적 관점에서 보면 물두멍은 일상적인 삶 가운데에서 지켜나가는 거룩함과 성화의 상징일 뿐만 아니라, 그 삶 속에서 또한 승리케 하시는 하나님의 권능을 나타낸다.

우리의 삶은 죄와 사탄과의 끊임없는 영적 싸움이다. 그리고 우리 앞에 놓여있는 수많은 홍해바다와의 계속되는 투쟁이다. 때로는 이러한 물두멍은 우리가 절망감을 경험할 수밖에 없는 힘겨운 인생의 문제들로 나타난다. 홍해바다는 우리가 날마다 직면할 수밖에 없는 고난과 시험들이며, 통과해야만 하는 영혼의 어두운 밤들이다.

우리가 때때로 홍해바다 앞에 서 있을 때 그 홍해바다는 연단의 불로 우리에게 다가오기도 한다. 연단의 불은 가혹하고도 힘들지만, 누구라도 고난의 불을 통과하지 않으면 마지막 때에 바로 설 수도 없고 마지막 때에 하나님께 붙들려 끝까지 아름답게 쓰임 받을 수도 없다. 연단의 불은 우리를 하나님 앞에 거룩하게 설 수 있도록 만들어 주는 정결함을 위한 하나님의 도구이기 때문이다. 하나님께는 그분의 자녀들을 위한 연단의 불이 필요악처럼 보인다. 고난을 통해 겸손하게 깨어진 심령 즉 깨끗한 그릇을 소유한 자들이 하나님의 나라에 들어갈 수 있고, 이 땅에서 주님의 나라를 위해 자신에게 주어진 은사와 능력, 재정을 온전히 사용할 수 있기 때문일 것이다.

그러나 그럼에도 불구하고, 인생의 홍해바다 앞에서 흔히 우리가 느끼는 감정들은 그 옛날 이스라엘 백성들이 경험했던 바로 그 두려움과 절망감이다. 사탄은 우리가 극복해야 할 그 절망감을 너무 크게 만든다. 사탄은 우리가 반드시 건너야 할 인생의 홍해바다 앞에 서 있는 우리로 하여금 그 바다가 너무나 깊어서 마치 빠져 죽을 것만 같은 극단적인 두려움 속으로 우리를 몰아넣는다.

그러나 우리는 다음과 같은 진리를 기억해야만 한다. 즉 우리로 하여금 이러한 인생의 홍해바다를 건널 수 있도록 만들어 주는 근본적인 능력이 신자들인 우리에게 이미 주어져 있다는 바로 그 사실 말이다. 신자들에게는 약속하신 하나님의 신실한 말씀이 있고 그것을 붙들 수 있는 믿음이 또한 주어졌기 때문이다. 절망과 고난의 때에 우리가 붙들어야 할 하나님은 아브라함이 믿었던 바로 그 하나님이며, 우리가 본받아야 할 믿음은 아브라함이 고백했던 바로 그 담대한 믿음이다.

기록된 바 내가 너를 많은 민족의 조상으로 세웠다 하심과 같으니 그가 믿은 바 하나님은 죽은 자를 살리시며 없는 것을 있는 것으로 부르시는 이시니라 아브라함이 바랄 수 없는 중에 바라고 믿었으니 이는 네 후손이 이 같으리라 하신 말씀대로 많은 민족의 조상이 되게 하려 하심이라(롬 4:17-18).

우리가 신뢰하는 하나님은 능력의 하나님이고, 무에서 유를 창조하시는 하나님이시다. 하나님은 전능하신 하나님이시다. 따라서 우리 가운데 절망이 가득 찰 때 아브라함이 소유했던 전능하신 하나님에 대한 바로 그 믿음을 우리가 다시 붙들어야 할 필요가 있다. 절망적인 상황이 계속될 때, 위의 말씀을 입술로 고백하고 사탄에게 선포할 필요가 있다는 것이다. 우리가 포기하지 않는 한, 하나님도 포기하지 않으신다.

궁극적인 승리에 대한 하나님의 약속을 다시 붙들고 홍해바다를 직시할 필요가 있다는 것이다.

2. 물두멍 - 최후의 승리를 바라보라

사도 요한은 마지막 때를 살아가는 하나님의 백성들이 주님에 대한 신실한 순교자의 믿음으로 사탄과 적그리스도와 싸워 승리하고 하늘의 유리 바닷가에 서 있는 것을 미리 보았다. 그곳에서 하나님의 이긴 자들이 모세의 노래를 계승한 어린 양의 새 노래를 하나님께 드리고 있었던 것이다. 최후의 승리를 거두고 하나님께 영광을 드리는 승리의 찬가인 것이다.

이 승리자들의 노래가 하늘을 채우고 난 후, 모든 악의 권세들인 적

그리스도, 거짓 선지자, 음녀 바벨론이 하나님의 준엄한 심판을 받고 영원한 멸망으로 들어간다(계 16-19장). 그리고 악의 근원인 용인 사탄과 사망 그 자체까지도 마침내 영원히 불못으로 던져져 멸망을 당하고 있다(계 20장).

그리고 보라! 하늘에서 내려온 새 하늘과 새 땅에서는 악의 상징인 "바다"는 더 이상 존재하지 않는다(계 21:1).

그 대신 수정같이 맑은 생명수의 강이 영원한 천국의 중심부를 흘러내리고 있다.

우리 모두는 다시 오시는 하나님을 맞이해야 할 마지막 시대를 살아가고 있다. 우리 모두가 언젠가는 예수 그리스도의 거룩한 심판대 앞에 서야 할 존재들이기 때문에 우리 자신에 대한 개인적 죽음을 준비하면서, 우주적 종말인 예수 그리스도의 재림을 준비해야 할 시대적 징조들을 이미 읽고 있다는 것이다.

그렇다면, 그 옛날 성막 뜰에 있었던 물두멍은 종말론적인 부르심과 사명 앞에 서 있는 오늘날의 신자들에게 어떤 구체적인 메시지를 던지고 있는가?

사도 요한이 목격했던 그 유리 바닷가의 환상은 그리스도의 재림을 준비해야 할 우리에게 어떤 의미를 던져주고 있는 것일까?

하나님은 마지막 때를 살아가는 우리에게 물두멍을 통해 무엇을 말씀하고 있는 것인가?

그 대답은 죄악과 악의 권세와의 투쟁에서의 궁극적인 승리에 관한 것이다. 이는 거룩함과 믿음을 지키는 우리의 내적 투쟁과 관련된 것이

기도 하다. 이 주제는 성막의 중심 되는 중요한 가르침 중의 하나이다.

우리가 우리 자신의 모습을 보면서 힘들어 하는 이유는 우리들의 본질적인 모습에서 어떤 즉각적인 삶의 변화가 일어나지 않는다는 사실에 있다.

사실, 우리들은 똑같은 죄를 일상적으로 반복하고 있다! 이러한 종류의 넘어짐은 죄의 권세에 완전히 사로잡힌 중독된 상태라기보다는, 의지적인 나약함에서 비롯되는 경우들이다. 바울의 표현대로, 우리의 속사람은 말씀대로 거룩하게 살고 싶은데, 우리의 강한 자아와 죄악된 본성인 겉 사람이 너무 강해서 우리의 의지와는 반대로 자꾸만 넘어지는 것이다 (롬 7:14-24).

우리가 궁극적으로 추구할 바는 자아를 온전히 십자가에 못 박는 것이며, 내 안에서 내가 완전히 죽어버리는 것이다. 어떤 사모님의 간증에 이런 이야기가 있다.

어느 날 그 사모님이 정성껏 저녁밥을 차려놓았다. 그런데 귀가한 목사님 남편이 이렇게 말했다.

"미안하지만, 오늘은 라면을 먹고 싶어."

얼마나 정성을 다해서 차려준 밥상인데, 그럴 수가 있나?

그녀는 화가 나서 견딜 수 없었다. 식사 후 한쪽에서 기도하는 남편의 모습을 바라보면서 그녀는 속에서 욕이 터져 나왔다.

"저 위선자…내 속을 새까맣게 태워 놓고 기도가 나오니?"

결국 두 사람은 삼 일 동안 서로 말도 않고 지내게 되었다. 그녀는 상처받는 자신의 그런 모습도 보기 싫어서 주님 앞에 기도하면서 이렇게 고백했다고 한다.

"하나님, 날 좀 고쳐 주세요. 난 왜 이 모양인가요?"

간절한 마음으로 부르짖는데, 한 음성이 심령에 들려왔다.

"고쳐달라고 하지 말고, 죽여 달라고 해라."

그녀는 자신이 완전히 죽어야만 자기 속에서 주님이 살아서 역사하실 수 있음을 깨달았다는 것이다.

따라서 우리의 목표는 우리 안에서 예수님만이 온전히 나타나는 삶이다. 그러나 이러한 거룩함의 삶이 하루아침에 이루어지는 것은 아니다. 매일 조금씩 나를 죽이는 연습을 계속하는 자만이 마침내 나의 자아를 온전히 십자가에 못 박을 수 있다.

그러므로 승리하는 삶이란 한 번 승리하는 것을 의미하는 것이 아니다. 반복적으로 싸워 승리하는 것을 의미한다. 쓰러져도 다시 일어나는 것을 의미한다. 포기하지 않고 지속적으로 믿음 안에서 투쟁하는 삶은 마침내 궁극적인 승리로 우리를 인도할 것이다. 그것이 물두멍을 통한 하나님의 위대하신 말씀이며 언약이다.

마지막 때는 죄악이 세상을 뒤덮는 때이다. 동성연애니 살인, 긴음과 영적 미혹이 넘쳐나는 시기이다. 이 시대는 신자들에게 정금 같은 믿음을 요구하고 있다. 거룩해야 할 교회 안에서조차 수많은 간음죄가 행해지고, 진리를 떠나게 만드는 이단들의 미혹이 넘쳐남을 보는 시대를 우리는 살고 있다. 예수 그리스도의 이름으로 행해지는 엄청난 영적 타락들을 쉽게 볼 수 있는 마지막 때를 우리는 살고 있다. 신자들조차 주 예수만을 고집하고 따르는 좁은 길을 떠나 자아를 숭배하고 세상적 욕망과 타협하는 일들이 일어나고 있다.

사도 요한이 목격한 유리 바닷가의 환상은 이러한 종말론적인 시대의 미혹과 박해 가운데 오직 예수님의 음성만을 듣고 순종하면서 사탄과 적그리스도를 숭배하는 짐승의 표를 거부하고 순교하기까지 충성을 다했던 거룩한 신부들에 관한 것임을 기억한다면, 물두멍이 우리에게 던져주는 종말론적인 메시지의 내용은 명백하다.

죄악과의 투쟁과 날마다 주님 앞에서 거룩하게 살기 위한 몸부림과 믿음을 끝까지 지키는 과정이 결코 쉬운 투쟁일 수는 없지만, 이러한 영적 투쟁이 이 땅에서 영원히 계속되는 것도 아니다. 죄악도, 삶의 저주도, 악의 권세도 주님이 오시는 그날, 모두 사라지게 될 것이기 때문이다.

우리가 살다가 주님의 부르심을 받는 그날, 그리고 주님이 다시 오시는 미래의 그날에 우리를 그렇게 고통스럽게 만들었던 그 어떤 악한 홍해바다도 더 이상 우리에겐 존재하지 않을 것이다. 따라서 지치고 힘들어도 하늘 가는 밝은 길을 바라보면서 그리스도 안에서의 영원한 소망이라는 신앙의 아이콘을 날마다 믿음으로 클릭하는 자세가 우리에게는 필요하다는 것이다.

성막 시대의 물두멍과 홍해바다와 관련한 사도 요한의 메시지는 미래의 승리를 바라보며 오늘의 삶 속에서 승리할 것을 강력하게 촉구하는 메시지이다. 그러므로 종말론적 관점에서 바라보면, 물두멍은 더 이상 우리 앞에 놓여있는 인생의 고통스러운 문제가 아니다. 고난을 뛰어넘는 희망의 메시지인 것이다.

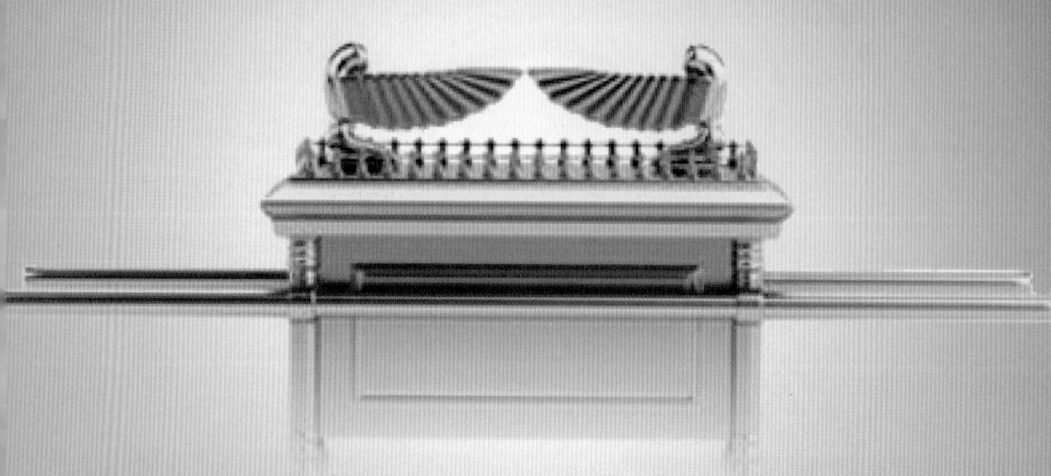

THE GOLDEN TEMPLE SEEN AT PATMOS ISLAND

제3부

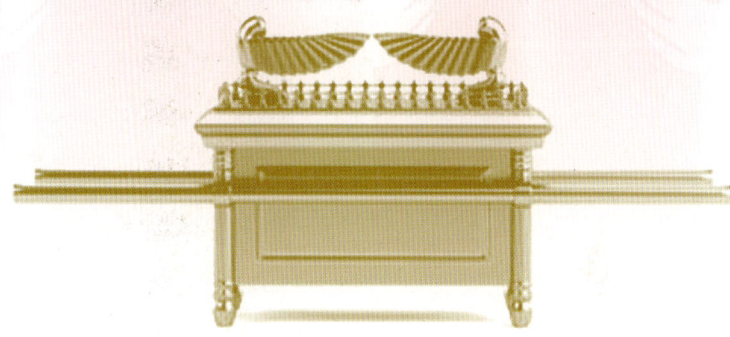

성소
하나님의 군대, 말씀 그리고 기도의 세계

첫 언약에도 섬기는 예법과 세상에 속한 성소가 있고 예비한 첫 장막이 있고 그 안에 등잔대와 상과 진설병이 있으니 이는 성소라 일컫고 또 둘째 휘장 뒤에 있는 장막을 지성소라 일컫나니 금 향로와 사면을 금으로 싼 언약궤가 있고 그 안에 만나를 담은 금 항아리와 아론의 싹난 지팡이와 언약의 돌판들이 있고 그 위에 속죄소를 덮는 영광의 그룹들이 있으니 이것들에 관하여는 이제 낱낱이 말할 수 없노라(히 9:1-5).

성소
왼쪽에 금 촛대, 오른쪽에 진설병상, 중앙에 분향단이 위치한다

이야기 속으로 7

　어린 스엘은 물두멍 뒤에 있는 성소 안이 무척 궁금하기만 했다. 그곳에는 일반 유대인이 들어갈 수 없는 거룩한 곳이었기 때문이었다. 스엘이 제사장에게 이렇게 물었다.

　"제사장님! 저 성소 안에는 무엇이 있나요?"

　제사장이 빙긋이 웃으며 말했다.

　"그렇게 알고 싶니?"

　"네."

분명한 어조로 스엘이 말했다.

"음…, 저 성소 안에는 거룩한 세 가지 물건이 있단다. 금 촛대와 떡상과 분향단이지."

스엘은 제사장의 입을 바라보며 다음 설명이 떨어지기를 기다렸다.

"간단하게 설명하면, 금 촛대는 일곱 개의 촛불을 켜도록 되어 있단다. 일곱은 하나님의 완전하심을 나타내는 상징적인 숫자이지. 우리의 역할은 불이 꺼지지 않도록 기름을 공급하는 일이야. 저녁부터 아침까지"(레 24:3).

스엘은 그 순간 '만일, 불이 꺼지면 어떻게 되나요?'라고 물어보고 싶은 욕구가 불현듯 일어났으나 스스로 자제하기로 마음을 먹었다.

제사장의 설명은 계속 이어졌다.

"떡상에는 여섯 개의 떡을 두 줄로 하나님 앞에 차려놓게 되어 있단다. 모두 열두 개의 떡이지. 열둘이라는 숫자는 바로 우리 이스라엘의 열두 지파를 상징한단다.

우리는 매 안식일마다 새로운 떡으로 교체하지. 그리고 그 교체한 떡은 거룩한 곳에서 우리 제사장들이 먹게 되어 있단다. 분향단은 아침 저녁으로 하나님이 정하신 제조법에 따라 만든 향으로 피워 올리게 되어 있어. 이 모든 일은 세심한 주의를 기울여서 하나님이 말씀하신 규정대로 해야만 해. 순종하는 것이 곧 거룩함이기 때문이야!"

제사장은 스엘의 얼굴을 직시하며 진지한 어조로 설명하고 있었다.

"그리고…, 그 뒤에는 휘장이 처져 있고, 그 휘장 뒤에는 바로…."

제사장은 순간적으로 숨을 한껏 들이쉬며 말을 멈추었다. 특별히 거룩하신 하나님에 대해 이야기할 때 제사장들은 순간적으로 긴장하는 버릇이 있었다.

"그 뒤에는…너무나 거룩하신 하나님의 언약궤가…그곳에 살아계신 하나님의 영광과 광채가…바로 하나님이 계시지…."

스엘은 약간 긴장된 제사장의 얼굴을 빤히 올려다 보며 제사장이 말을 채 마무리 짓기도 전에 이렇게 물었다.

"그러면! 제사장님은 하나님을 직접 만나 보셨겠군요?! 하나님은 어떤 분이신가요? 무섭지는 않나요?"

제사장님이 고개를 좌우로 흔들며 스엘에게 단호하게 말했다.

"아니! 그곳엔 나도 들어갈 수 없어! 그래서 나도 하나님을 직접 대면할 수는 없단다."

스엘이 궁금해서 물었다.

"그러면…누가 들어갈 수 있나요?"

"우리 같은 평범한 제사장이 아닌, 바로 대제사장님만이 그곳에 들어갈 수 있단다. 그것도 일 년에 하루 있는 대속죄일에만…."

제1장

금 촛대 - 하나님의 군대

등잔 일곱을 만들어 그 위에 두어 앞을 비추게 하며 그 불집게와 불똥 그릇도 순금으로 만들지니 등잔대와 이 모든 기구를 순금 한 달란트로 만들되 너는 삼가 이 산에서 네게 보인 양식대로 할지니라 (출 25:37-40).

금 촛대-교회공동체의 영광과 능력

이 촛대는 정금으로 만들었는데 녹여서 만든 것이 아니고, 섬세한 금 세공 기술로 금 한 달란트를 쳐서 만들었다. 등대의 줄기에는 6개의 가지가 달려 있었다.

금 촛대는 무엇을 상징하는가?

사실 성막의 모든 것들이 예수님의 영광을 계시적으로 드러내는 것들이다. 어떤 이들의 해석처럼 금 촛대는 한 덩어리의 금을 손으로 두들겨서 만들어낸 거룩한 물건으로서 예수님의 숱한 고난들을 상징하며 금 촛대의 빛은 이 세상의 빛으로 오신 주님을 상징하고 있다고 볼 수도 있을 것이다.

그러나 종말론적 관점 특히 요한의 신학에서 금 촛대를 묵상할 때 우리는 또 다른 의미를 발견할 수 있다.

이 금 촛대의 의미를 이해할 수 있는 중요한 성경 말씀은 요한계시록과 스가랴서의 말씀들이다. 요한계시록의 관점에서 볼 때 금 촛대는 과연 무엇을 상징하는가? 사도 요한은 요한계시록 1장에서 그 해답을 제공하고 있다.

> 그러므로 네가 본 것과 지금 있는 일과 장차 될 일을 기록하라 네가 본 것은 내 오른손의 일곱 별의 비밀과 또 일곱 금 촛대라 일곱 별은 일곱 교회의 사자요 일곱 촛대는 일곱 교회니라(계 1:19-20).

밧모섬의 요한에게 나타나신 예수님은 일곱 금 촛대 사이를 거닐고 계신다. 주님의 해석에 의하면 일곱 금 촛대는 1세기 소아시아의 일곱 교회들이었다. 그리고 성막에 배치되어 있었던 금 촛대의 일곱 등 잔에서의 일곱은 하나님의 완전수를 의미한다. 당시 소아시아 지역에 존재했던 많은 교회들 중에서 일곱 개의 교회들만 선정한 것도 이러한 일곱이라는 숫자가 의미하는 완전성의 상징성 때문이다. 예수님의 해석에 따르면, 요한계시록 1장에서 일곱 개의 금 촛대는 신자들의 모임인 교회공동체를 의미했다. 따라서 일곱 금 촛대 사이를 거니시는 주님의 모습은 그분의 교회들을 다스리시며 보호하시는 분으로서의 이미지이다.

소아시아 일곱 교회들은 당시 1세기를 지배했던 로마제국과 그 배후의 사탄의 권세를 믿음과 인내로써 대항하여 싸우도록 부르심을 받았다. 요한계시록 2-3장에서 반복적으로 등장하는 "이기라"는 그리스도의 전투명령은 그것을 뒷받침한다.

소아시아의 일곱 교회들은 힘든 주변 상황과의 치열한 영적 전쟁 상황 속에 놓여 있었다. 그들은 로마제국의 박해로부터 정금 같은 순수한 믿음을 지켜야만 했고, 그것을 위해 물질적인 희생은 물론 순교까지 각오해야 했다. 그뿐만 아니라, 교회 안에 침투한 이단 사상으로부터도 교회의 진리를 지키고 보존해야만 했다.

세상과 타협하지 않는 교회의 순결함과 거룩함의 영성은 초대 교회 신자들의 존재 이유였다. 이 모든 힘거운 투쟁의 과정이 주님의 "이기라"는 말씀 속에 포함이 되어 있었다. 따라서 이러한 교회의 영적 전투성은 하나님의 군대로서의 신학적 특징뿐만 아니라, 그리스도의 거룩한 신부로서의 영성도 포함하고 있었다.

요한계시록 1장에서 예시된 교회로서의 금 촛대는 스가랴 4장과 연결된다. 스가랴서 4장을 보면, 순금등대(금 촛대)가 위치해 있고 그 좌우편에 두 감람나무가 있다. 다시 요한계시록 11장으로 돌아가서 성경을 읽어보면 두 증인이 이러한 두 감람나무와 두 촛대로 설명되고 있다는 것을 발견할 수 있다. 두 증인의 이미지는 요한계시록 2장과 3장에 등장하는 일곱 교회들의 바람직한 종말론적 모델이다. 그리고 마지막 때 주님이 원하시는 하나님의 교회들인 동시에 주님이 사용하시는 하나님의 사역자들이다. 두 증인 공동체는 역사적 교회들로부터 나타나 주님의 재림을 본격적으로 준비할 것이다.

성경에 따르면, 두 증인의 중요한 사명 중의 하나는 적그리스도 세계와의 마지막 영적 전쟁을 이 땅에서 수행한다는 것이다. 우리가 종말론적 교회론을 이야기할 때, 마지막 때의 교회의 이미지를 단적으로 표현하면, 교회공동체는 바로 하나님의 군대요(God's Army), 예수 그리스도의 거룩한 신부(Jesus' Holy Bride)라고 말할 수 있다.

거룩함과 전투하는 교회공동체의 속성은 서로 연결되어 있다. 역설적으로 삶 가운데 가장 거룩한 하나님의 신부들이 영적으로도 가장 강력한 군대가 된다.

왜냐하면, 회개와 거룩함 속에 하늘의 권능이 강하게 임재하기 때문이다! 마태복음 16장에서 교회라는 단어를 처음으로 언급하신 예수님의 말씀도 동일하다. 주님은 흑암의 그늘에 앉은 갈릴리의 백성들에게 큰 빛으로 찾아오셨다(마 3장). 주님은 하나님의 교회 또한 그분의 사역을 계승하길 원하셨다. 바로 지옥의 문을 깨뜨리는 반석 같은 교회의 이미지이다(마 16:18).

마지막 때가 가까울수록 주님이 원하시는 신자들의 모습은 그리스도의 거룩한 신부들이요, 동시에 강력한 하나님의 전사들로서의 이미지이다. 그럼에도 불구하고, 정작 우리는 삶 속에서 늘 상처받고 넘어져 있는 연약한 존재들이다. 우리 자신의 내면의 모습을 들여다보면, 주님이 사용하시기에 너무나 부족한 모습들임을 부인할 수 있겠는가? 그러나 주님의 꿈은 우리를 온전히 치유하시고 다시 회복시키셔서 사탄의 나라를 깨뜨리는 강력한 군대로 우리를 사용하시는 것이다. 하나님의 군대가 일어나는 주된 목적은 주님이 다시 재림하실 때까지 바로 이 땅에서 하나님의 나라의 영광과 능력을 드러내는 일이기 때문이다.

우리의 소망은 영원한 천국의 영광이 바로 죄악으로 가득 찬 이 땅에서 역동적으로 나타나는 것을 다시 보는 것이다.

우리의 소원은 영원한 천국의 능력이 연약한 이 세상 한복판에서 충만한 능력으로 미리 나타나는 것을 보는 것이다.

그러한 능력들은 영혼들에 대한 뜨거운 사랑을 소유한 신자들 속에서, 그리고 그리스도를 위해 기꺼이 생명을 바치는 순교자들의 고난 속에서 나타날 뿐만 아니라, 병든 자가 치유 받고 귀신이 떠나가는 기사와 표적들 가운데에서도 나타난다.

그러한 능력들을 통하여 불신자들은 성령의 불같은 권능과 부인할 수 없는 강력한 주님의 임재를 경험하게 된다. 따라서 예수 그리스도의 복음을 거부했던 완악한 영혼들이 말씀 안에서 극적인 변화를 경험하게 되는 것이다. 이러한 개인들 안에서 일어나는 영적 부흥은 더 나아가 죄악에 빠진 부도덕한 사회에 변화의 바람을 일으키면서 사회 전반에 걸쳐 주님의 공의가 극적으로 회복되는 역사가 일어나는 것이다. 따라서 우리의 기도는 하나님 나라의 능력이 이 땅에 강력하게 임하는 것을 직접 보는 것이다!

성막 시대 이후 이스라엘 백성들이 바벨론 포로생활을 거쳐 그리운 예루살렘으로 돌아왔을 때, 그들은 무너진 성전을 재건하기 위한 노력을 시작했다. 그때 하나님은 스가랴에게 임하셔서 한 환상을 보여주셨다.

> 그가 내게 묻되 네가 무엇을 보느냐 내가 대답하되 내가 보니 순금 등대가 있는데 그 꼭대기에 주발 같은 것이 있고 또 그 등대에 일곱 등잔이 있으며…(슥 4:2).

하나님은 선지자에게 금 촛대의 환상을 통해 성전재건 사역의 중요성과 그 비전을 직접적으로 보여주신 것이다. 그 비전은 무너진 하나님이 성전을 재건하는 비전이다. 지금도 마찬가지이다. 주님은 분열되고 깨어지고 찢겨진 이 땅의 많은 교회를 다시 회복하기를 원하신다. 주님은 연약해서 넘어져 있는 그리스도의 몸 된 저와 여러분을 다시 일으켜 세우기를 원하신다.

우리에게 필요한 것은 교회들 안에 다시 회복되어야 할 영적 부흥이며, 지쳐있는 우리들의 심령에 임해야 할 하나님의 나라의 권능의 불이다! 바로 우리들 자신이 하나님의 군대로 회복되는 비전인 것이다.

이러한 하나님의 군대로서의 교회공동체를 상징하는 금 촛대와 관련하여 가장 강력한 이미지가 있다. 바로 어두움을 밝히는 "빛"과 그 빛을 지속적으로 공급하는 "기름"이다. 이 두 가지 이미지를 중심으로 금 촛대의 의미를 더 살펴보자.

1. 교회여, 빛을 회복하라

> 너희는 세상의 빛이라 산 위에 있는 동네가 숨겨지지 못할 것이요 사람이 등불을 켜서 말 아래에 두지 아니하고 등경 위에 두나니 이러므로 집 안 모든 사람에게 비치느니라 이같이 너희 빛이 사람 앞에 비치게 하여 그들로 너희 착한 행실을 보고 하늘에 계신 너희 아버지께 영광을 돌리게 하라(마 5:14-16).

거룩한 하나님의 임재로 가득 찬 성소 안에서 금 촛대의 가장 중요한 역할은 두말할 필요도 없이 어두운 성소 안을 환히 밝히는 것이었다. 거룩함으로 자신을 무장하고 어두움의 권세를 물리치며, 어두운 세상을 그리스도의 빛으로 밝히는 교회의 본질은 지금도 변함이 없다.

성소 안을 항상 밝게 밝혀라! 이것은 마지막 때의 타락한 세상을 여전히 거룩한 빛으로 비추어야 할 주님의 교회들을 향한 주님의 명령이다. 역사적 이스라엘을 향해 선지자 이사야는 일어나 열방을 향해 빛을 비추어야 할 존재로 선언한 바 있다(사 60:1). 그런데 신자들이 밝혀야 할

이 빛은 필연적인 성령의 일하심 속에서만 가능하다.

그러므로 신자들이여, 성령의 불꽃을 꺼뜨리지 말자.

성소 안에서 제사장이 하나님께 인정받을 수 있었던 성실함은 금 촛대의 심지를 끊임없이 살피며 끊임없이 기름을 공급하여 불꽃을 꺼뜨리지 않는 일이었다.

그런데 교회 안에서 성령의 불을 꺼지게 만드는 사람들은 끊임없이 형제 자매들을 참소하고 비판하는 자들이다. 이들은 교회 안에서 성령의 역사와 은혜를 훼방하는 자들이다. 교회의 사명은 성소 안에서 불을 꺼뜨리지 않고 그 빛을 지속적으로 밝히는 것이다.

이제 마지막 시대의 교회들은 더욱 빛을 발해야만 한다. 세상이 점점 더 어두워지고 있기 때문이다. 그러나 많은 교회들 속에 불이 꺼져 있다.

어떻게 빛을 회복할 수 있는가?

두 가지 관점에서 생각해 보자.

첫째는 바로 삶의 영역이다. 오늘날 비판받는 교회들을 보라. 세상으로부터 무시를 당하는 교회들을 보라. 가장 거룩한 교회와 신자들이 기본적인 도덕성에 있어서 무너지고 있다. 양심적인 세상 사람들도 준수하는 사회법을 교회들이 지키지 못해 세상 법정에서 호된 심판을 받고 있다.

낮고 소외된 자들을 위해 부르심을 받은 교회가 부와 권세를 움켜진 소수의 가진 자들을 향해 역겨운 아부를 하고 있다. 교회가 도움을 필요로 하는 사회적 약자들에 대해 냉담하고, 사회를 위한 어떠한 봉사와 헌신도 하지 못하고 있을 때 세상 사람들은 돌아서서 하나님의 교회를 손가락질하며 비웃고 있음을 기억하라.

주님의 뜻은 명백하다.

주님이 다시 오실 때가 가까울수록 그분의 교회들은 세상 한복판에서 작은 섬김과 작은 헌신을 통해 최선을 다해야 한다는 것이다. 최후의 심판대에서 예수님이 이러한 일상적인 삶 속에서의 선한 행위를 대해 심판하시는 것도 무리가 아니다.

> 내가 주릴 때에 너희가 먹을 것을 주었고 목마를 때에 마시게 하였고 나그네 되었을 때에 영접하였고 헐벗었을 때에 옷을 입혔고 병들었을 때에 돌보았고 옥에 갇혔을 때에 와서 보았느니라 이에 의인들이 대답하여 이르되 주여 우리가 어느 때에 주께서 주리신 것을 보고 음식을 대접하였으며 목마르신 것을 보고 마시게 하였나이까 어느 때에 나그네 되신 것을 보고 영접하였으며 헐벗으신 것을 보고 옷 입혔나이까 어느 때에 병드신 것이나 옥에 갇히신 것을 보고 가서 뵈었나이까 하리니 임금이 대답하여 이르시되 내가 진실로 너희에게 이르노니 너희가 여기 내 형제 중에 지극히 작은 자 하나에게 한 것이 곧 내게 한 것이니라 하시고 (마 25:35-40).

우리들의 역할은 삶의 한복판에서 작은 빛이 되는 것이다. 가정이든, 직장이든 가장 작다고 생각되는 일을 소홀히 하지 않고 최선을 다하는 것이다. 어두움이 짙을수록, 작은 불꽃은 더욱 환하게 빛이

난다. 마지막 때의 징조들 중의 하나는 사람들 사이에서 더욱 더 사랑이 식어가고, 자기만을 추구하는 고통하는 세상으로 변화된다는 것이다(딤후 3:1-4).

이러한 세상에서 사람들이 오늘날의 교회들에게 요구하는 것은 엄청난 희생이 아니다!

용기를 주는 말 한마디, 자신의 고통과 힘든 삶을 함께 이해해주는 작은 배려, 큰 것은 아니지만 마음을 담아 내미는 작은 도움의 손길이다! 이러한 작은 섬김이 점점 자라나서 마침내 위대하고 놀라운 하나님의 영광을 드러내는 큰 섬김이 될 것이다.

주님의 사역을 시작하면서 나는 기독교 역사상 큰 영적 영향력을 끼쳤던 위대한 영적 거인들을 사모했다. 그리고 그들처럼 그 영적인 높은 산에 도달하기를 기도했다. 나는 하늘의 능력과 권능으로 강력하게 하나님의 나라를 열방 가운데 확장하고 싶은 강렬한 열망에 사로잡히기도 했다. 나는 성령께 온전히 순종했던 위대한 사역자들처럼, 나 또한 성령의 불의 권능에 사로잡혀 세계적인 사역을 감당하고 싶었다.

그러나 오랜 연단의 세월을 거치면서 한 가지를 깨닫게 되었다. 그것은 영적인 거대한 산에 오른다는 것이 하루아침에 이루어지는 일이 아니라는 사실이었다. 지금도 높은 차원의 영적 영역에 대한 갈망은 여전하다. 하지만 하늘로부터 주어지는 권능의 날개로 하늘 높이 나는 것이 결코 낭만적인 일만 아닌, 타락과 추락의 위험성을 항상 내포하고 있음을 보기 시작한 것이다. 즉 하늘의 영적 구름을 뚫고 미래적 통찰력과 계시적 능력의 눈으로 세상을 보며, 강력한 놋쇠 날개와 날카로운 말씀의 검으로 사탄과 싸우며 불같은 성령의 권능으로 마지막 시대가 필요로 하는 영적 부흥의 역사를 일구어낸다 할지라도, 타락하지 않고 교만하지 않고 끝까지 주님 앞에서 순결한 영성을 유지한다는 것이 얼마나 힘든 것인지도 깨닫기 시작한 것이다.

주님이 부르시는 그날까지 나태함과 게으름을 벗어나 열정과 영적 거룩함을 유지하는 것이 얼마나 힘겨운 내적 투쟁의 과정을 요구하는 것인지를 보기 시작한 것이다.

그 과정에서 나 자신 속에 부인할 수 없는 연약함과 무능력을 동시에 보기 시작하면서, 그 상대적인 절망감과 좌절 때문에 내 마음속에 쌓아 올렸던 그 높은 산에 대한 비전과 소망이 하나씩 하나씩 무너지는 소리를 듣게 되었다. 마음의 눈으로 내가 본 것은, 그것들이 모두 무너져 돌 위에 돌 하나도 남지 않게 되었다는 것이다. 그것은 인정하기 힘든 고통이고 아픔이며 낮아짐이었다.

그런데 어느 순간, 그 무너진 돌덩이들을 묵상 가운데 하나씩 바라보면서 새로운 깨달음이 생기기 시작했다. 내가 스스로 높은 산이 되고자 했을 때 내 주변의 얼마나 많은 사람들이 알게 모르게 숱한 희생과 마음의 고통과 상처를 받게 되는지 보기 시작한 것이다. 높은 비전과 그것을 이루기에는 턱없이 부족한 인격의 힘과 의지력이 발견되었고, 그 틈새를 메꾸기 위해 주변의 여러 사람들이 경제적인 고통과 함께 중보기도의 수고와 땀과 피 눈물을 흘려야만 했다는 사실을 깨달은 것이다.

그러한 사실을 솔직하게 인정하기 시작했을 때, 절망 가운데 무너져 내린 그 돌덩이들이 새롭게 다시 보이기 시작했다. 동시에 나 자신에게 집중했던 좁은 시야를 넓히면서 영적인 그 높은 산을 전체적으로 다시 보기 시작했다. 그때 그 높은 산에 대한 똑같은 비전을 가지고 힘들게 그 산을 오르고 있는 다른 사람들이 눈에 띄기 시작했다.

그리고 나만을 생각하면서 절망했던 그 무너진 돌더미들이 새로운 시각으로 보이기 시작했다. 내가 그 쓸모없는 돌무더기들을 잘 다듬을 수만 있다면, 그것들이 적어도 다른 사람들을 위한 제법 쓸만한 돌계단이 되고 기초석이 되고 디딤돌이 될 수도 있다는 사실을 새삼스럽게 발견한 것이다.

즉 나의 초라한 현실적 자아상에 실망하기보다는 다른 사람들이 높은 산의 정상에 오를 수 있도록 나를 딛고 올라설 수 있는 작은 디딤돌로서 가치를 발견하기 시작한 것이다! 내가 스스로 다른 사람들을 섬기기 위한 그 작은 돌계단이 되고 디딤돌이 되는 것이다. 그 순간 성령의 세미한 음성이 나의 마음에 들려오기 시작했다. 마치 주님이 이렇게 말씀하시는 것 같았다.

"네가 스스로 작아지고 낮아진다면, 그리고 네가 기꺼이 다른 사람들이 너를 딛고 영적인 높은 산을 올라가도록 너 자신을 내어준다면, 너도 궁극적인 높은 산이 될 것이다. 왜냐하면, 너의 작은 돌계단도 그 높은 산의 일부이며, 그 작은 돌들이 쌓이고 쌓이면 마침내 큰 산을 이루기 때문이다."

작은 빛은 온 세상을 밝히기에는 너무나 역부족이다. 그러나 그 가치는 너무나 소중하다. 주님이 우리에게 요구하는 것은 다른 이들을 위한 작은 헌신이며, 고통받는 이웃을 향한 섬김의 영성이다. 세상을 밝히는 작은 빛의 크기는 작지만 그러나 그 권세는 위대하다. 우리들의 주변을 둘러보라! 모두가 위로가 필요한 사람들이다. 재정적 어려움과 육체적 질병, 파괴된 인간관계 때문에 절규하는 심령들, 계속되는 인생의 실패와 끊임없는 고통스러운 삶 자체에 절망하고 넘어져 있는 사람들이 대부분이다.

어떤 이는 인생에서 출세하고 성공했는지는 모르지만 예수님을 알지 못해 그 영혼이 공허하며 지옥 불 속으로 자신도 모르게 달려가는, 죽어가는 영혼들도 너무나 많다. 모두가 치유와 회복과 구원을 필요로 하는 사람들이다.

이 고통받는 세상에서 예수 그리스도를 대신하는 작은 빛이 된다는 것은 과연 어떤 의미인가?

세상 속에서 지친 사람들이 그들 인생의 험한 산을 오를 때, 그들이 잠시라도 쉬어갈 수 있는 작은 나무그늘이 되어준다는 것은 아닐까?

또는 세상 사람들의 이마에 맺힌 땀방울이라도 식혀줄 수 있는 시원한 산들바람이 된다는 의미는 아닐까?

그들이 험한 산을 오르다가 목이 말라 지쳐있을 때 그들이 우연히 발견할 수 있는 깊은 산속 작은 샘터가 되어 그들의 목이라도 잠시 적셔줄 수 있는 그런 존재가 되는 것은 아닐까?

날마다 우리가 살아가는 삶 속에서 고통받는 주변의 사람들을 위로할 수 있는 신자들은 비록 작아 보이지만 주님이 보시기에는 큰 산들이다. 이런 의미에서 찬양 "소원"의 가사가 얼마나 우리의 가슴에 와 닿는지 모른다.

소원

삶의 작은 일에도 그 맘을 알기 원하네

그 길 그 좁은 길로 가기 원하네

나의 작음을 알고 그분의 크심을 알며

소망 그 깊은 길로 가기 원하네

저 높이 솟은 산이 되기보다

여기 오름직한 동산이 되길

내가 아는 길만 비추기보다는

누군가의 길을 비춰준다면 내가 노래하듯이

또 네가 얘기하듯이 살 길

난 그렇게 죽기 원하네

삶의 한 절이라도 그분을 닮길 원하네

사랑 그 높은 길로 가기 원하네

그 좁은 길로 가기 원하네 그 깊은 길로 가기 원하네

그 높은 길로 가기 원하네

우리 신자들이 세상에서 큰 자들이 되기를 스스로 포기하고 스스로 작은 자들이 되기를 갈망해야 한다. 교회 안에서, 그리고 세상 속에서 군림하는 높은 산들이 되기를 포기하고 다른 사람들로 높은 산이 되도록 도와줄 수 있는 자들이 되기를 소원해야 한다. 그런 사람들이 세상 사람들의 눈에는 작아 보여도, 영적으로는 큰 자들이다. 우리 자신이 그리스도의 사랑 안에서 스스로 작은 계단들이 되고, 다른 사람들을 위한 겸손한 디딤돌이 된다면 어두운 세상은 소망의 빛으로 가득 차게 될 것이다.

우리들이 세상 곳곳에서 아름다운 작은 불빛들로 헌신할 때, 그 작은 빛들은 세상을 변화시키는 강력한 주님의 군대가 될 것이다. 그때 세상은 교회를 다시 평가하게 될 것이다. 비록 세상적으로는 연약해 보이지만, 그러나 무시할 수 없는 교회의 강력한 빛을 보고 놀라게 될 것이며 하나님의 영광을 볼 수 있는 교회로 몰려들 것이다.

그리스도의 몸 된 교회공동체 안에는 다양한 불빛들이 존재한다. 크게 보이는 불빛도 있고 작게 보이는 불빛도 있다. 소위 세상 사람들이 볼 때 유명한 자들과 무명한 자들이 교회 안에는 함께 공존한다. 중요한 사실은 유명한 자나 이름없는 자나 주님은 똑같이 소중하게 생각하신다는 것이다.

스스로 세계적인 사역자가 되려고 몸부림치지 말자. 교회 안에서 유명한 자들은 스스로 그 정상에 오른 자들이 아니다. 주님이 유명한 자의 자리에 세우신 신자들이다. 그러므로 오직 주님의 선택과 은혜로 세상에도 알려진 존귀한 자의 자리-영적 거인들 또는 큰 불빛들-에 올라선 사람들은 자신들을 스스로 유명한 자들로 자처하지 않는다. 그들은 지극히 겸손하며 스스로 이름 없는 자들처럼 행동하는 사람들이다.

반면에, 그리스도 안에서 유명한 자들도 존재한다. 그들은 세상 사람들에게나 교회공동체 안에서 그렇게 알려져 있지 않은 지극히 작은 자들이다. 그들은 골방에서 고통받고 죽어가는 영혼들을 위해 간절히 기도할 뿐, 그들의 존재가 드러나지 않은 사람들이다. 그들은 보이지 않는 곳에서 헌신하고 봉사하며, 주님의 나라를 위해 묵묵히 씨를 뿌릴 뿐, 그 열매를 먹는 경우는 거의 없다.

그러나 그러한 신자들은 세상이 보기에는 이름 없는 존재이지만, 천국에서는 유명한 자들이다. 이들은 영적 세계에서는 주님이 인정하시는 이름 있는 자들이며, 천국에서는 하늘의 천사들도 알아보는 큰 자들이다. 작지만 큰 자들인 것이다! 대부분의 경우에 바로 이러한 신자들이 자신들의 삶을 통해 세상을 위로하는 자들이며, 세상 곳곳에서 상처받은 영혼들을 아름답게 섬기는 자들이다.

교회공동체는 마지막 시대에도 세상을 비추는 아름다운 금 촛대로 존재한다. 교회는 마지막 때에 전 세계에 영적 영향력을 미칠 수 있는 영적인 큰 산들, 영적 리더들, 큰 불빛들, 영적 거인들을 양육해야 한다. 신자들에게 먹고 사는 문제를 떠나 좀 더 높은 차원, 즉 사도적이고 선지자적인 영성에 대한 도전을 끊임없이 던져주어야만 한다. 세상적인 야망이 아닌, 그리스도 안에서의 비전을 신자들에게 끊임없이 제시하며 그들이 높은 영적인 산에 도달하도록 도와주어야 한다.

동시에 하나님의 나라를 위해 스스로 빛도 없이 이름도 없이 사역하지만, 용기를 잃고 좌절하고 있는 많은 무명의 신자들에게도 위로와 용기를 주고, 그들이야말로 하늘에서는 큰 자들임을 일깨워주어야 한다. 그들이 그 길을 계속 갈 수 있도록.

이러한 신자들은 비록 작은 불빛들로 존재하지만, 그들을 통해 주님의 나라가 유지되고 확장되는 것이며, 그들 가운데 수많은 이름 없는 순교자들이 배출될 것이기 때문이다.

　어떤 의미에서는 바로 그들이 자신들의 헌신과 희생을 통해서 다른 신자들로 하여금 영적인 높은 산에 도달하도록 스스로 다리가 되어주는 사람들이다. 따라서 이들이야말로 영적 후방에서 마지막 때의 모세와 엘리야들을 키워내는 소중한 권세를 가진 자들인 것이다. 누가 이들을 보잘것없는 신자들이라고 말할 수 있겠는가.

　이 땅에서의 하나님의 나라는 왕 되신 주님과 그분의 자녀들인 신자들이 함께 만들어 나가는 진행형의 작품과 같으며, 교회 안의 유명한 자들과 무명한 자들이 함께 만들어가는 합작품과 같은 것이다. 우리 모두가 다 필요하다는 의미이다.

　금 촛대로 상징되는 교회가 어떻게 빛을 회복할 수 있는가?

　우리가 먼저 삶의 영역에서 섬김과 작은 헌신을 통해 빛의 권세를 회복해야 함을 살펴보았다면, 그 다음 영역은 영적인 영역에서의 빛의 권세의 회복이다.

　신자들의 삶 속에서 드러나는 착한 행실이 절망감에 빠져 있는 어두운 세상 사람들에게 한 줄기 작은 빛이 될 수 있듯이, 하나님의 교회들과 신자들은 어두움의 권세로 불리우는 사탄의 권세에 대해서도 강력한 빛으로 나타난다. 빛을 비출 때 어두움이 이기지 못함은 당연한 일이다. 교회는 사탄과 어둠의 천사들에게는 감히 대항할 수 없는 강력한 빛인 것이다. 빛 되신 예수 그리스도의 영광이 반사되기 때문이다. 그러나 많은 신자와 하나님의 교회들이 예수 그리스도 안에 있는 그 놀라운 영적 권세를 잊어버렸고 잃어버렸다.

기억하자. 어둠의 권세들은 교회공동체가 그리스도 안에서 자신에게 주어진 하늘의 권세와 능력을 알고 믿고 그것을 선포할 때 순종할 수밖에 없는 존재들이라는 것을. 따라서 어두움의 천사들이 하나님의 교회들이 이러한 진리를 알지 못하도록 속이고 미혹하는 것은 당연한 일이다.

2. 교회여, 성령의 능력을 회복하라

> 내게 말하던 천사가 다시 와서 나를 깨우니 마치 자는 사람이 잠에서 깨어난 것 같더라 그가 내게 묻되 네가 무엇을 보느냐 내가 대답하되 내가 보니 순금 등잔대가 있는데 그 위에는 기름 그릇이 있고 또 그 기름 그릇 위에 일곱 등잔이 있으며 그 기름 그릇 위에 있는 등잔을 위해서 일곱 관이 있고 그 등잔대 곁에 두 감람나무가 있는데 하나는 그 기름 그릇 오른쪽에 있고 하나는 그 왼쪽에 있나이다 하고…내가 그에게 물어 이르되 등잔대 좌우의 두 감람나무는 무슨 뜻이니이까 하고 다시 그에게 물어 이르되 금 기름을 흘리는 두 금관 옆에 있는 이 감람나무 두 가지는 무슨 뜻이니이까 하니 그가 내게 대답하여 이르되 네가 이것이 무엇인지 알지 못하느냐 하는지라 내가 대답하되 내 주여 알지 못하나이다 하니 이르되 이는 기름 부음 받은 자 둘이니 온 세상의 주 앞에 서 있는 자니라 하더라(슥 4:1-14).

스가랴 4장을 읽어보면 중앙에 금 촛대가 놓여 있고, 그 좌우에 두 감람나무가 위치해 있다. 자세히 보면 두 감람나무는 금으로 만들어진 두 파이프 관을 통해 금 촛대와 연결되고 있다. 원래 금 촛대에 사용하는 기름은 감람나무의 기름으로 충당했음을 볼 때, 두 감람나무에서 나온 기름이 중앙의 금 촛대로 흘러들어가고 있음을 알 수 있다. 금 촛대는 바로 그 공급되는 감람나무의 기름 때문에 꺼지지 않고 계속 빛을 낼 수 있는 것이다.

스가랴서에서 말하는 두 감람나무는 바벨론 포로로 끌려갔던 이스라엘 백성이 고국 예루살렘으로 귀국한 후, 당시 예루살렘성전 재건운동을 주도했던 대제사장 여호수아와 총독 스룹바벨을 의미한다. 이들은 하나님이 기름 부어 세우신 그 당시의 하나님의 종들이었다.

하나님이 이들을 사용하셔서 제2의 성전인 스룹바벨성전을 재건하시고, 이들을 통해 하나님의 성전에 그분의 은혜와 성령의 기름을 부어주셨다. 종말론적 두 감람나무로 상징되는 요한계시록 11장의 두 증인 교회공동체도 그와 마찬가지로 성령의 권능을 부여받아 주 예수 그리스도의 재림을 준비하는 강력한 도구로 쓰임을 받게 될 것이다(계 11:4-6).

교회의 영적 부흥은 영적 금 기름을 공급받는 것, 즉 성령의 기름 부으심의 역사에 있다. 신자들의 역동적 신앙생활과 삶의 영역에서의 승리의 비결도 바로 성령의 권능이다.

성소 안의 금 촛대를 보자. 이 촛대는 떡상(진설병)과 분향단(금 향로)을 포함하여 성소 안 전체를 환하게 비추고 있다. 즉 성령의 기름 부으심은 말씀과 기도의 역사와 밀접하게 연결되어 있다는 것이다.

말씀도 성령의 능력 안에서 그 역사가 두드러지게 나타난다. 중보기도 또한 성령의 인도하심과 그 권능 아래 있을 때 더 폭발적이 되며, 아름다운 성령의 열매를 풍성하게 맺을 수 있다.

교회공동체는 우리 주 예수 그리스도의 영인 성령을 간절히 사모해야 한다. 교회는 성령님의 임재를 더욱 더 사모해야 하고 성령님의 다스리심을 사모하고 또 사모해야 한다. 교회공동체 안에 하나님의 영광이 나타나도록 기도해야 하며, 성령의 불의 능력이 교회공동체에 가득 차기를 간절히 기도해야 한다. 주님의 뜻 안에서 주님의 보좌로부터의 권능이 이 땅으로 흘러넘치도록 사모해야 한다는 의미이다.

그럼에도 불구하고, 우리가 기억할 사실은 성령은 단지 능력이 아니라는 것이다. 성령은 단순한 기름 부으심 그 자체도 아니다.

성령은 인격이시며, 예수 그리스도의 증인으로서의 모든 능력과 기름 부으심을 풀어놓으시는 하나님이시다. 따라서 인격이신 성령께서 마음껏 역사하시는 교회가 참된 교회이다. 성령의 충만함을 입은 교회공동체는 삶의 열매가 나타나는 교회이며, 세상 속에서 예수 그리스도의 주 되심을 담대히 증거하는 역동적인 교회가 된다.

성령이 떠난 예루살렘성전은 더 이상 하나님의 성전이 될 수 없듯이, 성령님의 일하심이 없는 교회는 더 이상 하나님의 교회가 될 수 없다는 것이다.

마지막 때의 참된 교회는 주님의 재림을 준비하는 공동체이다. 이들은 지혜로운 다섯 처녀같이 등잔에 기름을 항상 준비하여 성령으로 충만한 교회들이다. 성령의 기름 부으심이 충만한 교회들은 능력과 성령의 나타남에 있어서 충만한 교회들이다. 동시에 성령의 충만함을 입은 교회들은 마지막 시대에 영적으로 민감한 교회들이며, 하나님의 말씀을 사모하며 순종하는 교회들이다.

종말론적인 관점에서 성령의 충만함은 '영적으로 깨어있음'을 의미한다. 하나님의 진리로 시대의 징조를 올바르게 분별하며, 성령의 인도하심에 민감한 교회들이다.

따라서 하나님의 교회는 성령의 능력을 회복해야 한다. 그리스도의 영광을 충만하게 드러내도록 성령님을 온전히 의지해야 한다. 우리는 인간적인 방법을 포기하고 세속적인 부흥을 포기해야만 한다. 오직 하늘의 권능만이 우리의 교회공동체를 통해 세상으로 흘러갈 수 있도록 주님 앞에 엎드려야만 한다.

마지막 시대의 교회들은 한편으로는 하늘의 능력과 권세를 덧입어야 하며, 또 다른 측면에서는 종말론적 교회공동체는 영혼들을 살리는 선지자적 목소리를 간직해야 한다. 이것은 교회가 영혼들을 사탄의 발톱으로부터 지키기 위한 마지막 시대의 파수꾼으로서 깨어 있어야 함을 의미하며, 시대를 내다보며 주님이 가까이 오시는 그 발자국 소리를 민감하게 듣고 그분의 재림을 준비해야 함을 의미한다.

제 2 장

떡상 – 하나님의 말씀

안식일마다 이 떡을 여호와 앞에 항상 진설할지니 이는 이스라엘 자손을 위한 것이요 영원한 언약이니라 이 떡은 아론과 그의 자손에게 돌리고 그들은 그것을 거룩한 곳에서 먹을 지니 이는 여호와의 화제 중 그에게 돌리는 것으로서 지극히 거룩함이니라 이는 영원한 규례니라(레 24:8-9).

진설병상(말씀을 먹고 마셔라)

떡상에 놓여 있는 떡은 제사장이 매 안식일(토요일)마다 새로운 떡으로 교환하여 하나님께 드렸다. 떡상 위의 떡은 모두 열두 개였는데, 이는 이스라엘의 열두 지파를 상징했다. 그리고 떡 위에는 유향 두 그릇이 각각 놓여져 있어서 제사장들은 그 아름다운 향기를 맡을 수 있었다. 이제 떡상과 관련하여 중요한 영성적 가르침들을 살펴보자.

1. 예수님을 먹고 마셔라

떡상 위의 떡은 한마디로 제사장들을 위해 특별히 마련된 양식이었다. 이 떡은 하나님께 먼저 드린 후에 제사장들이 먹기 위해 존재했다.

"먹기 위해 존재했다!"

이 얼마나 의미심장한 말인가. 신자들에게도 먹고 사는 문제는 너무나 중요하다. 우리들이 이 문제로부터 어찌 자유로울 수 있겠는가. 예수님은 일용할 양식이 우리들에게 대단히 중요한 현실적 문제라는 것을 이미 알고 계신다.

그럼에도 불구하고, 신자들에게는 우선순위라는 것이 있다는 것이다. 이 떡은 먼저 하나님께 드린다는 점에서 하나님 앞에 먼저 진설해 놓았던 떡이다. 즉 하나님께 우리의 삶이 먼저 바쳐져야 한다는 것이다. 신자 된 우리들에게 찾아오는 시험은 하나님 앞에 먼저 드려지는 헌신의 삶 보다는, 먹고 사는 문제가 우리가 존재하는 모든 이유가 될 때 시작된다. 그것이 "네가 만일 하나님의 아들이어든 명하여 이 돌들로 떡덩이가 되게 하라"(마 4:3)며 예수님을 시험했던 사탄의 유혹이 아니었던가.

점점 힘들어지는 세상 속에서 하나님의 사람들이 이 먹는 문제 때문에 얼마나 힘들어하고 몸부림치는가. 신자들도 먹어야 하고 살기 위해 최선을 다해야 한다. 땀을 흘리고 노력도 해야 한다. 이것은 당연하고도 결코 무시할 수 없는 중요한 문제이다.

그러나 신자들의 궁극적인 삶은 먹고 사는 문제를 초월하여 더 큰 비전을 가지고 사는 삶이다. 하나님의 말씀에 붙들려 그 말씀을 쫓아가는 삶이다. 그래서 예수님도 시험하는 사탄을 향해 이렇게 말씀하셨다.

> 사람이 떡으로만 살 것이 아니요 하나님의 입에서 나오는 모든 말씀으로 살 것이라(마 4:4).

주님의 말씀은 인간의 본질을 꿰뚫는 말씀이다. 즉 인간은 단지 먹고 살기 위해 존재하는 것이 아니라, 하나님의 말씀을 먹고 살기 위해 존재한다는 것이다. 즉 영적 존재인 인간은 하나님의 말씀을 먹어야 영적 생명을 유지할 수 있다는 의미이다. 따라서 예수님의 가르침은 명백하다.

즉 사람에게 떡이 필요하다는 것을 분명히 인정하고 계시지만, 만일 사람이 떡을 먹고 사는 문제에만 집착하고 매달리면 결국 사탄의 시험과 유혹에 빠져 영원한 생명을 잃게 될 것임을 경고하고 계신 것이다.

그러나 역설적으로 인간이 하나님의 말씀에 순종하기 시작하면, 먹고 사는 생존의 문제도 동시에 해결된다는 것이다. 즉 하나님의 말씀 속에는 영혼을 살리는 영적 생명과 육신을 살리는 떡도 분명히 포함되어 있다는 의미이다. 이 하나님의 말씀은 하늘과 땅을 창조하신 능력이었다. 그리고 예수님은 그 말씀이 인간의 육신을 입고 오신 하나님의 말씀 그 자체였다(요 1:14).

그러므로 하나님의 말씀은 아무리 강조해도 지나치지 않다. 따라서 신자들은 하나님의 말씀을 묵상하는 즐거움을 누려야만 한다. 광부가 땀을 흘리며 소망 가운데 금광을 캐내듯이 신자들은 하나님의 말씀 속으로 깊이 들어가 진리의 보석들을 발견하는 그 기쁨을 맛보아야 한다. 말씀의 세계는 깊고 깊은 진리의 세계이기 때문이다.

요한복음 6장에 따르면, 유일하신 그 말씀으로 오신 예수님은 그분의 입에서 나오는 진리의 말씀을 듣고, 그분께서 행하시는 메시아적 능력을 보기 위해 몰려든 수많은 사람들을 불쌍히 여기셨다. 사람들이 날이 저물어 먹을 것이 없어서 배고파할 때 주님은 다섯 개의 떡과 두 마리의 물고기로 놀라운 기적을 일으키셨다. 육체적으로 굶주린 그들을 불쌍히 여기신 주님은 그럼에도 불구하고 본질적인 가르침을 이렇게 주셨다.

> 내가 곧 생명의 떡이니 내게 오는 자는 결코 주리지 아니할 터이요 나를 믿는 자는 영원히 목마르지 아니하리라(요 6:32-33).

주님은 아마 성소 안에 제사장들을 위해 마련된 그 떡을 연상하셨을 것이다. 그리고 모세를 통해 이스라엘 백성들에게 주신 하늘의 만나를 알고 계셨다. 그 모든 것은 이 땅에서 굶주리는 인간들을 위해 필요한 것들이었다. 그러나 궁극적인 떡은 바로 예수님 자신이라는 것이다. 요한복음 6장에서 예수님이 말씀하신 다음의 구절은 더욱 충격적이다.

> 내 살을 먹고 내 피를 마시는 자는 영생을 가졌고 마지막 날에 내가 그를 다시 살리리니(요 6:54).

예수님의 말씀의 의미는 명백하다. 하나님의 말씀을 먹고 마셔라. 그래야 영혼이 산다! 하나님의 말씀 자체이신 예수님을 먹고 마셔라. 그래야 우리가 영원히 산다!

예수님을 먹고 마시는 것은 그분을 온전히 소유하는 것이다. 목말라 하는 사람이 시원한 물을 찾는다. 그리고 배고픈 사람이 떡을 간절히 찾는다. 마찬가지로, 예수님을 목말라 해야 그분을 충만하게 마실 수 있다. 예수님에 대해 갈급하고 간절히 원해야 그분을 온전히 먹을 수 있다.

그러나 우리는 눈에 보이는 먹을 것과 마실 것은 열심히 찾고 구하면서, 영원한 생명의 떡 되신 예수님을 얼마나 찾고 영원한 생수 되신 그분을 얼마나 목말라 했던가?

목마른 사슴이 시냇물을 찾기에 갈급함같이 우리가 예수님을 갈망하고 갈급한 적이 얼마나 있었던가?

우리는 믿음을 가진 자가 어떠한 사람이 되어야 하는지 너무 잘 알고 있다. 즉 믿음을 가진 자는 다른 그 무엇보다도 주님을 간절히 찾는 사람이다. 믿음을 가진 자는 세상 그 무엇보다도 주님 자신을 가장 목말라 하는 사람이다. 믿음을 가진 자는 그 어떤 음식보다도 예수님에 굶주려 배고파하는 사람이다. 믿음을 가진 자는 예수님을 찾고 또 찾고, 갈망하고 또 갈망하고, 의지하고 또 의지하는 사람이다. 믿음을 가진 자는 예수님의 임재를 사모함으로 온 마음을 가득 채우는 사람이다.

따라서 당신이 만일 믿는 자라면, 당신의 영혼을 주님을 향한 거룩한 갈증으로 온전히 채워라. 성소 안에서 제사장들은 거룩한 떡을 찢어 자신의 양식으로 삼았다. 그리고 예수님은 영원한 떡 되신 자신을 주시기 위해 십자가에서 자신의 몸을 찢으셔야만 하셨다. 바로 그분이 우리들에게 이렇게 말씀하고 계신 것이다. 내 살을 먹고 내 피를 마셔라!

우리가 믿음으로 주님을 온전히 먹고 마셨다면, 내 안에서 예수님이 온전한 모습으로 흘러나오게 된다. 우리가 믿음으로 주님의 살을 먹었다면, 나의 육체 속에 주님의 흔적이 나타난다. 그분의 살이 나의 살이 되었기 때문이다. 우리가 믿음으로 주님의 피를 마셨다면, 주님의 피가 우리의 혈관 속에 흐르게 되어 있다. 우리가 믿음으로 주님을 먹고 마셨다면, 우리를 통해서 예수 그리스도께서 끊임없이 성육신 하신다. 즉 주님이 우리를 통해 살아 역사하신다는 의미이다. 따라서 우리를 통해 주님의 영광이 흘러나오는 것이 보인다. 우리를 통해 그리스도께서 살아계심이 증명된다.

그러므로 우리를 바라보는 사람들이 우리를 통해 주님을 보고 그 주님을 만나는 역사가 일어나는 것이다. 기독교 역사상 주님만을 사랑하고 그분을 온전히 소유하기 원했던 그분의 거룩한 신부들을 통해 위의 사실은 이미 입증되었다. 사도 바울의 고백처럼 그의 자아가 십자가에 못 박혀 그의 육신적 존재가 죽임을 당했을 때, 그때 비로소 바울 안에 예수 그리스도께서 온전히 살아계실 수 있었다(갈 2:20).

기독교 역사상 그 유례를 찾아볼 수 없을 정도로 1세기의 기독교복음을 로마 세계에 전했던 위대한 사도 바울의 사역을 공격하기 위해 수시로 바울을 찾아왔던 사탄이 바울을 결코 넘어뜨릴 수 없었던 것은 육신적 바울은 이미 사라지고 거룩한 예수님만이 바울 안에 계셨기 때문이다! 주님의 살과 피가 바울을 온전히 채우고 있었기 때문이다.

회개 가운데 날마다 자기를 십자가에 못 박고 자신을 주님의 영광으로 가득 채웠던 바울을 사탄이 어떻게 넘어뜨릴 수 있었겠는가?

우리가 주님의 살과 피를 온전히 먹고 마시지 못하고 그 거룩함으로 우리 자신을 채우지 못하기 때문에 우리는 넘어진다. 그 넘어짐은 성막의 번제단에서 우리의 죄를 씻고 물두멍에서 거룩함으로 우리 자신을 세우는 데 실패했기 때문이다. 우리는 항상 넘어질 수 있는 죄악들-특히 성적인 유혹, 교만, 탐욕, 돈 문제-에 노출되어 있다. 그 만큼 사탄이 우리에게 영적 공격을 퍼부을 수 있는 여지가 많은 것이다. 만약 죄들이 처리되지 않았다면, 우리는 비록 하나님의 전신갑주를 입었지만 그 구멍이 뚫린 갑옷을 입고 있는 것과 같음을 기억해야 한다.

오늘날 얼마나 많은 목사들과 선교사들, 위대한 사역자들과 탁월한 그리스도인들이 이러한 사탄의 공격에 걸려 쉽게 넘어지는가?

그들이 넘어질 때 그들 자신들만 무너지는 것이 아니다. 그들을 통해 그동안 아름답게 세워졌던 하나님의 나라 또한 와르르 큰소리를 내며 함께 무너져 내리는 것이다. 따라서 한때 아름다워 보였던 그 모든 사역들이 짓밟힌 장미꽃처럼 처참한 모습으로 역사의 무대 뒤로 사라짐을 우리는 보게 될 것이며, 그 모든 사역이 세상 사람들의 비웃음과 조롱과 비판 속에 맛을 잃어버린 소금처럼 땅에 의미 없이 버려지는 것을 우리는 보게 될 것이다.

그리고 우리는 듣게 될 것이다. 영원한 생명으로 인도하는 복음의 문이 불신자들 앞에서 "꽝!" 하고 큰 소리를 내며 굳게 닫히는 소리까지.

2. 말씀을 먹고 마셔라

성소 안의 제사장들이 매주 새로운 떡을 양식으로 삼았다면, 오늘날의 영적 제사장들인 우리들도 그렇게 하는 것이 마땅하다. 당시 성소 뜰을 밟았던 일반 이스라엘 백성들은 이 떡상의 떡을 전혀 손댈 수가 없었다. 앞에서도 이미 언급한 바와 같이, 떡상의 떡은 특별히 구별된 제사장들만을 위해 준비된 양식이었기 때문이다. 구약 시대의 이스라엘과는 달리, 저와 여러분은 이 시대의 영적 제사장들이다.

그러므로 이제 하나님의 떡상인 성경 속에서 저와 여러분을 위해 준비된 말씀의 떡을 마음껏 집어 먹어라. 우리는 성경의 모든 말씀들을 사랑하고 묵상한다. 이 기록된 하나님의 말씀을 우리는 로고스(Logos)

라고 부른다. 그런데 그 수많은 하나님의 말씀들 중에서 특별히 우리의 인생과 삶을 위해 준비된 살아있는 말씀이 존재한다. 즉 우리 각자를 향한 하나님의 특별하신 부르심과 사명과 관련된 말씀이다. 어떤 이는 이러한 말씀을 레마(Rhema)라고 부르기도 한다. 이 말씀들은 우리 각자에게 주어지는 바로 '그 말씀'이다.

하나님은 늘 우리에게 말씀하신다. 우리의 삶 속에서 수시로 우리에게 주시는 말씀이 있고, 우리 각자의 인생 전체를 통해 이루시고자 하는 주님의 특별하신 말씀도 있다. 상황적으로 주어지는 말씀은 우리가 생활 속에서 성경을 묵상할 때, 그때마다 우리의 발길을 인도하시는 말씀인데 비해 이 특별한 사명과 관련되는 그 말씀은 우리가 이 땅에 존재하는 이유가 되는 말씀이다. 즉 우리의 인생목적 그 자체이고, 우리를 통해 주님이 이루시고자 하시는 그분의 비전이 담긴 말씀이다.

예를 들면, 종교개혁자 루터는 시편과 로마서를 강의하고 묵상할 때, "의인은 오직 믿음으로 말미암아 살리라"(롬 1:17)라는 말씀에 큰 충격을 받게 된다. 그리고 바로 이 말씀이 하나님이 그에게 주신 특별한 사명을 위한 그 말씀이 되었다. 기독교 역사상 수많은 위대한 업적을 남긴 하나님의 사람들이 특별한 사명과 부르심을 위한 하나님의 말씀을 받았다. 그리고 바로 그 말씀이 그들의 삶을 변화시켰고, 그들을 지치지 않는 위대한 비전의 사람으로 지탱해 왔다. 따라서 우리 또한 우리 인생의 비전을 그 말씀 위에 굳게 건축하는 것이 필요하다는 것이다.

만일 여러분이 그 말씀을 주님으로부터 받았다면, 그 말씀을 항상 붙들고 기도해야 한다. 자신에게 주어진 그 말씀을 능동적이고 투쟁적으로 붙들고 나아가는 사람은 적극적인 비전의 사람이다. 적극적인 비전의 사람은 세상적 야망이 아닌, 주님께로부터 온 그 말씀 위에 하나님의 나라를 향한 비전을 끊임없이 쌓아올린다. 그리고 언젠가는 그 비전이 놀라운 열매를 맺히며 세상에 드러나는 것을 보게 된다.

베드로가 물 위를 걸어오신 주님을 바라보고, 자신도 물 위를 걷고 싶은 생각에 주님께 그 마음의 소원을 말씀드렸을 때, 주님은 베드로에게 "이리로 오라"고 허락하셨다. 그때 배 안에는 다른 제자들도 있었지만, 그 말씀을 받은 사람은 오직 베드로 한 사람뿐이었다. 따라서 주님의 말씀은 특히 베드로에게만 주신 그 말씀이 되는 것이다. 그리고 그가 그 말씀을 붙들고 나아갔을 때 그는 풍랑이 몰아치는 바다 위를 걸었던 최초의 사람이 되었다(마 14:28-29).

그럼에도 불구하고, 주님이 우리 각자에게 주신 그 말씀은 우리가 경험하는 수많은 현실적인 장애물 때문에 우리 안에서 때로는 좌초되고 무너진다. 그때마다 우리는 쓰라린 절망을 맛보는 것이다. 그러나 우리가 처해 있는 힘든 현실과 절망감이 우리에게 주어진 그 말씀과 그 비전을 완전히 질식시키도록 그대로 방치해서는 안 된다. 모든 상황이 말씀을 이루기에는 도저히 불가능해 보인다 하더라도, 그 말씀에 기초한 그 비전을 결코 포기할 수는 없기 때문이다. 그 비전은 주님이 우리를 통해 이루고자 하시는 우리 인생의 존재목적 그 자체이기 때문이다.

우리가 믿거니와, 하나님의 비전은 하나님이 이루어 가신다. 우리가 우리의 가슴속에 그것을 끝까지 담고 있는 한, 주님이 싹을 나게 하시고 언젠가는 열매를 맺게 하실 것이다. 따라서 주님으로부터 온 그 말씀과 하나님의 비전은 미래를 위해 고통스런 오늘을 이기는 능력의 원천이 된다. 때때로 주님이 주시는 꿈과 환상을 통해서도 말씀이 확증되기도 하지만, 꿈과 환상은 간헐적인 것이며 일시적인 도구이다. 우리가 우리 곁에서 늘 가까이 붙들 수 있는 지속적인 능력은 바로 기록된 하나님의 로고스에 기초한 그 말씀으로부터 나온다.

따라서 하나님의 기록된 성경을 통해 우리에게 주어진 그 말씀은 그만큼 강력한 비전이 된다. 이 주어진 말씀을 늘 암송하고 묵상하여 뼈속에 새겨라. 마음으로 씹고 영으로 소화하여 몸의 살과 피로 만들라. 그러면 그 말씀은 우리 혈관 속에 저장되고 우리의 핏줄을 통해 항상 흐르는 비전 자체가 된다. 우리 속에 녹아 우리 자신과 하나가 된 그 말씀은 우리의 가치관과 생각을 좌우하며 그것에 따라 행동과 습관이 달라진다. 이러한 과정이 주님의 비전을 우리 속에서 잉태하고 출산을 향해가는 과정이다. 즉 비전이 열매 맺는 과정인 것이다.

적지 않은 하나님의 사람들이 주님으로부터 받은 그 말씀을 소유하고 있다. 그 말씀들은 각자가 평생의 목회와 사역과 삶의 지침으로 삼는 말씀들이고, 힘들고 지칠 때마다 붙들고 기도하는 말씀들이다. 나 자신도 힘들 때마다 붙잡는 바로 그 말씀이 있다. 바로 요한계시록 11장의 말씀이다. 성경에 기록된 수많은 말씀 중에서 이 한 장에 기록된 하나님의 말씀이 나의 신학과 세계관을 바꾸어 놓았다. 나는 그것을 두 증인 신학과 두 증인 영성이라고 부르기를 좋아한다.

나는 이 한 장을 2년이 넘도록 묵상하면서 요한계시록과 성경 전체를 꿰뚫는 일관성 있는 통찰력을 얻은 바 있다. 주님이 허락하신다면, 나의 남은 인생을 이 요한계시록 11장을 성취하는 거룩한 사역에 바치고 싶은 뜨거운 열정을 소유하게 되었다. 말하자면, 요한계시록 11장은 나에게 주어진 하나님의 '그 말씀'이다.

3. 진리를 먹고 마셔라

우리는 지금 성소 안에서 하나님 앞에 바쳐진 거룩하고 향기로운 열두 개의 떡을 보고 있다. 모세 당시의 제사장들은 이 떡과 관련된 미래적 메시지를 알 수 없었지만, 마지막 때를 살아가는 우리들은 사도 요한의 계시록을 통해 새로운 진리를 알게 된다.

하나님 앞에 바쳐진 성소 안의 열두 개의 떡에는 또 다른 상징적인 의미가 있는가?

떡상 위에 놓여진 열두 개의 떡이 이스라엘의 열두 지파를 상징했다면, 요한계시록 7장에는 영적 이스라엘의 열두 지파가 등장한다. 그들은 소위 144,000으로 불리우며, 마지막 때에 각 열방과 족속과 방언 중에서 구원받을 하나님의 백성들로 나타난다.

이 일 후에 내가 네 천사가 땅 네 모퉁이에 선 것을 보니 땅의 사방의 바람을 붙잡아 바람으로 하여금 땅에나 바다에나 각종 나무에

> 불지 못하게 하더라 또 보매 다른 천사가 살아 계신 하나님의 인을 가지고 해 돋는 데로부터 올라와서 땅과 바다를 해롭게 할 권세를 받은 네 천사를 향하여 큰 소리로 외쳐 이르되 우리가 우리 하나님의 종들의 이마에 인치기까지 땅이나 바다나 나무들을 해하지 말라 하더라 내가 인침을 받은 자의 수를 들으니 이스라엘 자손의 각 지파 중에서 인침을 받은 자들이 십사만 사천이니(계 7:1-4).

이들이야말로, 하나님 앞에 바쳐질 거룩한 그리스도의 신부들이요, 순교자들이며 하나님의 영적 군대이다.

> 장로 중 하나가 응답하여 나에게 이르되 이 흰 옷 입은 자들이 누구며 또 어디서 왔느냐 내가 말하기를 내 주여 당신이 아시나이다 하니 그가 나에게 이르되 이는 큰 환난에서 나오는 자들인데 어린 양의 피에 그 옷을 씻어 희게 하였느니라(계 7:13-14).

나는 개인적으로 이들이 하나님의 참된 교회들을 통해 예수 그리스도께로 돌아올 영혼들, 즉 마지막 때에 환난 가운데 일어날 대부흥과 영적 추수의 종말론적인 열매로 보고 있다. 사도 요한의 증거에 따르면, 마지막 때에 닥칠 환난과 박해 가운데 하나님의 거룩한 신부들인 십사만 사천은 적그리스도 숭배를 단호히 거부하는 신자들로 나타난다(특히 계 13장). 요한계시록 13장에서 종말론적인 짐승의 표는 단지 육체적 굶주림과 세속적 욕망을 채우기 위해 영혼을 파는 자들을 위한 이 땅의 떡과 같다(계 13:15-17). 그러나 주님의 거룩한 신부들은 육체의 굶주림을 채워주는 짐승의 표를 단호히 거부하고, 그 대신 영혼의 굶주림을 영원히 채워주실 생명의 떡 되신 예수님만을 선택하고 죽기까지 사랑하는 하나님의 군대요 거룩한 그리스도의 신부로 나타난다(계 7, 14장).

사도 요한은 이러한 하나님의 백성들을 위해 하나님이 위로하시는 말씀을 이렇게 기록하고 있다.

> 그러므로 그들이 하나님의 보좌 앞에 있고 또 그의 성전에서 밤낮 하나님을 섬기매 보좌에 앉으신 이가 그들 위에 장막을 치시리니 그들이 다시는 주리지도 아니하며 목마르지도 아니하고 해나 아무 뜨거운 기운에 상하지도 아니하리니 이는 보좌 가운데에 계신 어린 양이 그들의 목자가 되사 생명수 샘으로 인도하시고 하나님께서 그들의 눈에서 모든 눈물을 씻어주실 것임이라(계 7:15-17).

구약의 이스라엘 가운데 성막으로 함께하셨던 하나님이 영원한 장막과 성전 그 자체이신 예수 그리스도의 재림 사건을 통해 신자들과 영원히 함께하실 것이다. 그리고 오직 예수님만을 먹고 마신 자들만이 새 예루살렘 성, 그 거룩한 곳에서 영원히 목마르지도 아니하고 영원히 주리지도 않을 축복을 누릴 것이다. 인생의 모든 눈물과 고난이 영원히 끝난다는 의미이다.

따라서 우리는 십사만 사천의 종말론적 영성을 추구해야 한다. 거룩한 신부의 영성이요, 순교자의 영성이다. 그리고 우리가 믿기로는, 현재적 삶에 있어서 순교자적 삶을 사는 신자들이 환난의 날에도 마침내 승리하게 될 것이다. 우리는 성경 전체에 기록된 하나님의 말씀을 통전적으로 이해해야 하며, 그 기초 위에서 요한계시록의 말씀을 먹고 소화해야 한다. 요한계시록 10장에서 사도 요한에게 주신 말씀은 사도 요한 개인에게만 허락된 말씀이 아니다. 이 말씀은 오고 가는 모든 세대에게 주신 하나님의 명령이다.

> 내가 천사에게 나아가 작은 두루마리를 달라 한즉 천사가 이르되 갖다 먹어 버리라 네 배에는 쓰나 네 입에는 꿀같이 달리라 하거늘 (계 10:9).

의외로 많은 신자가 그들의 귀에 듣기 좋은 메시지만 골라서 듣고, 입에 달기만 한 축복의 말씀만 골라먹는 경향이 있다. 하나님의 말씀은 그것이 진리이기 때문에 입에는 달지만, 그 말씀을 행하기에는 고통스러운 것이므로 배에 쓴 것이다. 더군다나, 주님의 재림이 가까울수록, 믿음을 지키기 위해 감수해야만 하는 고통스러운 영적 투쟁이 신자 모두에게 요구되기 때문에 환난을 지나 영광에 이르는 십자가의 길을 모두가 걸어야만 한다.

요한계시록의 메시지는 이제 "펴 놓인 작은 두루마리"(계 10:2)로서 진리를 알고자 하는 모든 이들에게 열려 있으며, 주님의 재림을 준비하기 위해 마지막 때의 교회들이 귀를 기울어야 할 주님의 참된 진리의 말씀이다. 하나님의 말씀은 양날이 선 강력한 칼이며 성령의 검이다. 요한계시록에서 예수님의 입에서는 칼이 나오고 있고, 이 입술의 검으로 열방을 심판하시기 위해 재림하실 것이다(계 19장).

요한계시록 11장의 두 증인은 사도 요한에게 주어진 바로 그 동일한 지혜와 계시의 정신으로 열방과 방언과 각 족속에게 하늘의 능력 안에서 마지막 시대를 깨우는 선지자적 메시지와 회개의 말씀을 선포하게 될 것이며, 이 땅에 다시 오실 주 예수님을 강력하게 증거할 것이다. 성령께서는 대언의 영으로 오직 예수 그리스도만을 증거하시기 때문이다(계 19:10).

우리가 믿기로는 이 시대는 주님의 재림을 준비하는 세대임에 틀림없다. 주님은 이 마지막 시대를 위해 말씀에서 나오는 진리의 가르침들을 회복시키시며, 영혼들을 깨우는 예언적 메시지들을 참된 교회들을 통해 풀어 놓으실 것이다. 이러한 말씀들은 폭포수처럼 쏟아져 나오는 진리의 생수이다. 이 생수는 영혼들을 미혹하는 악의 권세들을 깨뜨리는 동시에, 갈급한 영혼들을 먹이고 그 영적 목마름을 풍성하게 적시며 채우는 은혜의 말씀인 것이다.

따라서 이 마지막 날들에 하늘로부터 주어지는 성경적인 계시들과 마지막 때를 준비하기 위한 귀한 진리의 메시지들을 올바르게 영적으로 분별하며, 배부르게 먹고 마시고 소화하는 것이 필요하다. 작은 책을 먹고 마심이 미혹의 시대를 살아가는 우리들에게 하늘의 능력이 될 것이며, 우리로 하여금 깨어있도록 만드는 하나님의 살아계신 경고가 될 것이다.

우리가 확신하거니와, 성막은 하늘의 모형으로서 그리스도의 십자가의 예표일 뿐만 아니라, 다시 오실 그리스도의 그림자이기도 하다. 즉 성막은 이 땅에 이미 오신 예수 그리스도를 보여줄 뿐만 아니라, 성령의 시대를 살아가고 있는 우리들에게 이 땅에 다시 오실 그분의 재림을 강력하게 예고하고 있는 것이다. 따라서 성막의 종말론적인 메시지는 잠자는 하나님의 교회들로 하여금 주님의 다시 오심을 준비할 수 있는 그리스도의 거룩한 신부로 세워줄 뿐 아니라, 사탄의 권세를 대적하며 깨뜨릴 수 있는 강력한 하나님의 군대로 일어날 것을 지금 우리에게 요구하고 있는 것이다.

사람이 떡으로만 살 것이 아니요 하나님의 입에서 나오는 모든 말씀으로 살 것이라(마 4:4).

제 3 장

분향단 – 놀라운 중보기도의 세계

너는 분향할 제단을 만들지니 곧 조각목으로 만들되 길이가 한 규빗, 너비가 한 규빗으로 네모가 반듯하게 하고 높이는 두 규빗으로 하며 그 뿔을 그것과 이어지게 하고 제단 상면과 전후 좌우 면과 뿔을 순금으로 싸고 주위에 금 테를 두를지며 금 테 아래 양쪽에 금 고리 둘을 만들되 곧 그 양쪽에 만들지니 이는 제단을 메는 채를 꿸 곳이며 그 채를 조각목으로 만들고 금으로 싸고 그 제단을 증거궤 위 속죄소 맞은편 곧 증거궤 앞에 있는 휘장 밖에 두라 그 속죄소는 내가 너와 만날 곳이며 아론이 아침마다 그 위에 향기로운 향을 사르되 등불을 손질할 때에 사를지며 또 저녁 때 등불을 켤 때에 사를지니 이 향은 너희가 대대로 여호와 앞에 끊지 못할지며 너희는 그 위에 다른 향을 사르지 말며 번제나 소제를 드리지 말며 전제의 술을 붓지 말며 아론이 일 년에 한 번씩 이 향단 뿔을 위하여 속죄하되 속죄제의 피로 일 년에 한 번씩 대대로 속죄할지니라 이 제단은 여호와께 지극히 거룩하니라(출 30:1-10).

분향단-주님 앞에 향기로운 기도의 장소

제사장은 분향단 위에 아침 저녁으로 하나님이 정하신 향기로운 향만을 태워 올려야 했고, 1년에 한 번 그 단을 짐승의 피로 속죄해야 했다(출 30장). 시편 기자들에 따르면, 분향단은 특별히 기도라는 주제와 깊이 관련되어 있다. 즉 분향단에서 피워 오르는 향이 하늘의 보좌로 올라가는 신자들의 기도를 상징하고 있다는 것이다.

> 나의 기도가 주의 앞에 분향함과 같이 되며 나의 손드는 것이 저녁 제사같이 되게 하소서(시 141:2).

분향단은 한마디로 중보기도의 제단이다. 분향단에서 중보기도의 중요한 의미를 찾을 수 있는 성경적 근거는 역시 사도 요한의 계시록이다. 이는 마지막 때 회복되어야 할 하나님 나라와 밀접한 관계를 맺고 있다. 먼저 성막의 분향단이 직접 언급된 곳은 요한계시록 8장이다. 요한계시록 8장은 일곱 째 인의 심판을 알리고 있으며, 이것은 전 세계의 삼분의 일이 심판을 받는 본격적인 심판의 시작이기도 하다.

> 또 다른 천사가 와서 제단 곁에 서서 금 향로를 가지고 많은 향을 받았으니 이는 모든 성도의 기도와 합하여 보좌 앞 금 제단에 드리고자 함이라 향연이 성도의 기도와 함께 천사의 손으로부터 하나님 앞으로 올라가는지라 천사가 향로를 가지고 제단의 불을 담아다가 땅에 쏟으매 우레와 음성과 번개와 지진이 나더라 일곱 나팔을 가진 일곱 천사가 나팔 불기를 준비하더라(계 8:3-6).

사도 요한이 본 환상에 의하면, 하늘의 번제단 곁에 있는 순교자들의 중보기도와 땅에 있는 성도들의 기도를 중보기도 천사가 금 향로에 담아 보좌 앞 금 제단에 바친다. 이 기도들이 하나님 앞으로 올라가게 되고, 세상심판에 대한 하나님의 집행명령이 떨어진다. 중보기도천사는 금 향로를 들고 다시 하늘의 번제단으로 내려와서 제단의 불을 담아다가 땅에 쏟게 된다. 결과적으로 땅에서는 우레와 음성과 번개와 지진이 예고되고, 일곱 나팔을 가진 일곱 천사가 나팔을 하나씩 불게 되면서 재앙이 구체화된다.

1. 중보기도 – 보좌를 움직이는 근원

이러한 주님의 심판은 먼저 순교자들의 피끓는 중보기도에 기초한다. 그들은 하늘의 번제단 밑에서 그들의 원수를 갚아달라고 간절하게 기도한다.

> 다섯째 인을 떼실 때에 내가 보니 하나님의 말씀과 그들이 가진 증거로 말미암아 죽임을 당한 영혼들이 제단 아래에 있어 큰 소리로 불러 이르되 거룩하고 참되신 대주재여 땅에 거하는 자들을 심판하여 우리 피를 갚아 주지 아니하시기를 어느 때까지 하시려 하나이까 하니 (계 6:9-10).

그러나 이 순교자들의 기도를 단순히 보복성 기도로만 이해하면 곤란하다. 그들은 땅에 있을 때 예수님의 심장으로 그리스도의 복음을 전했던 사람들이며, 그리스도를 죽기까지 삶 속에서 증거했던 사람들이다. 그럼에도 불구하고, 세상의 많은 사람이 그들이 전하는 복음을 끝까지 거부했으며, 심지어 그들을 박해하고 죽음에까지 내던졌다. 불신자들은 영원한 생명 되신 예수 그리스도를 의지적으로 거부하고 사탄을 택했으며, 그에게 그들의 영혼을 팔았던 사람들이다.

순교자들이 하늘의 번제단 밑에서 기도한 그 내용의 핵심은 거룩하신 하나님이 그분의 공의로운 마지막 심판을 속히 행하여 달라는 간청이다. 이 공의로운 심판은 땅에서 고통받는 하나님의 백성들에게는 주님의 재림으로부터 시작되는 그 구원의 완성을 의미했다.

이 기도는 결국 하늘에 계신 아버지께 그분의 뜻이 하늘에서 이루어진 것같이, 땅에서도 이루어지게 해 달라는 성도들의 종말론적 기도와도 일치한다(마 6:10). 이러한 순교자들과 성도들의 기도에 하나님은 마침내 응답하신다.

요한계시록에서 기도와 관련된 또 하나의 중요한 환상은 요한계시록 5장에 기록되어 있는 다음의 말씀이다.

> 그 두루마리를 취하시매 네 생물과 이십사 장로들이 그 어린 양 앞에 엎드려 각각 거문고와 향이 가득한 금 대접을 가졌으니 이 향은 성도의 기도들이라 그들이 새 노래를 불러 이르되 두루마리를 가지시고 그 인봉을 떼기에 합당하시도다 일찍이 죽임을 당하사 각 족속과 방언과 백성과 나라 가운데에서 사람들을 피로 사서 하나님께 드리시고(계 5:8-9).

사도 요한 당시 소아시아 일곱 교회의 신자들은 로마제국의 박해와 고난 가운데 믿음을 지키기 위해 몸부림치고 있었다. 그들은 수많은 희생과 대가를 지불해야만 했으며, 심지어 순교의 피까지 흘려야만 했다. 주님은 사도 요한의 환상을 통해 소아시아 일곱 교회들이 그들의 궁극적인 승리를 위해 싸워야만 하는 그 이유와 소망을 요한계시록 4장과 5장에서 분명하게 보여주셨다.

그것은 인간과 역사를 지배하고 움직이는 것이 눈에 보이는 강력한 제국인 로마제국이나 초자연적인 존재인 사탄이 아니라, 영원하신 창조주 하나님과 그분의 보좌라는 것이다. 신자들에게 최종적인 승리를 안겨주시는 우주의 심판자가 바로 죽임 당하신 어린 양 예수라는 진리였다.

이 환상 가운데 우리는 놀라운 한 가지 사실을 확인할 수 있다. 그것은 주님의 마지막 심판을 움직이는 힘이 다름 아닌 우리들의 중보기도에 있다는 것이다. 이러한 사실이 사도 요한의 환상 가운데 또 다시 분명하게 드러나고 있는 것이다. 사도 요한은 하늘의 네 생물과 이십사 장로들이 어린 양 앞에 엎드려 각각 거문고와 향이 가득한 금 대접을 가지고 있는 환상을 보았는데, 그 향은 성도들의 기도였다.

이 기도는 그 다음 말씀과 연결되어 있는데, 바로 네 생물과 이십사 장로들이 두루마리의 인봉을 떼기에 합당하신 죽임 당하신 어린 양 예수 그리스도를 찬양하고 있는 장면이다.

> 그들이 새 노래를 불러 이르되 두루마리를 가지시고 그 인봉을 떼기에 합당하시도다 일찍이 죽임을 당하사 각 족속과 방언과 백성과 나라 가운데에서 사람들을 피로 사서 하나님께 드리시고 그들로 우리 하나님 앞에서 나라와 제사장들을 삼으셨으니 그들이 땅에서 왕 노릇 하리로다 하더라(계 5:9-10).

위에서 두루마리의 인봉을 떼기에 합당하신 주님만이 마지막 때의 심판을 집행하실 수 있는 권세를 소유하신 분이시다. 주님 외에 이 일을 하실 수 있는 능력자가 하늘과 땅 사이에는 없다! 주님은 성도들의 중보기도에 기초하여 두루마리의 인봉을 떼시는 마지막 심판을 시작하신다.

전능하신 하나님이 연약한 인간의 기도를 필요로 한다는 것은 신비에 속하는 문제이다. 그러나 하나님이 그분의 백성들과 함께 그분의 나라를 만들어 가는 것을 기뻐하신다는 것은 분명하다.

성막 분향단의 네 뿔은 능력을 상징한다. 마찬가지로 우리의 중보기도에는 능력이 있다. 특히 주님의 뜻을 따라 행하는 중보기도는 하늘의 보좌에 도달할 수 있다. 히브리서 기자는 분향단이 비록 성소에 위치해 있지만, 영적인 의미에서는 지성소에 속한다고 기록하고 있음은 주목할 만하다. 이는 아마도 대속죄일에 대제사장이 금 향로를 가지고 지성소에 들어간 바로 그 상황에 기초하고 있는 것 같다.

> 또 둘째 휘장 뒤에 있는 장막을 지성소라 일컫나니 금 향로와 사면을 금으로 싼 언약궤가 있고 그 안에 만나를 담은 금 항아리와 아론의 싹난 지팡이와 언약의 돌판들이 있고(히 9:3-4).

우리가 알다시피, 오직 기도만이 주님의 거룩한 보좌인 하늘의 지성소에 이르는 통로가 된다. 어떻게 보면, 깊은 기도야말로 혼적인 영역인 성소로부터 우리를 영적 지성소인 주님의 보좌에까지 이르게 하는 은혜의 도구라고도 볼 수 있다.

하늘에 있는 순교자들의 기도, 그리고 땅에 있는 성도들의 중보기도가 합하여 죄악된 이 땅을 향한 하나님의 준엄한 심판이 집행된다. 결과적으로 마지막 때의 재앙들과 환난들이 이 땅을 덮게 되고, 이러한 환난의 때에 수많은 영혼이 그리스도 안에서 추수되는 대부흥도 일어난다.

그리고 마침내 주님의 재림이 이루어지고 세상의 악한 자들과 적그리스도, 거짓 선지자, 용인 사탄 그리고 사망까지 심판을 받게 되고 마침내 새 하늘과 새 땅이 하늘로부터 내려오게 되는 것이다(계 8-21장). 이것이 중보기도의 능력이다. 이 모든 하나님의 심판과 구원의 역사가 하늘에 있는 순교자들과 땅에 있는 성도들의 중보기도에 의해 이루어지게 되는 것이다!

그러므로 우리는 왜 이 마지막 때에 주님이 전 세계적으로 그렇게 많은 중보기도자들을 준비하시며, 능력있는 중보기도군대를 일으키고 계시는지 그 이유를 알게 된다. 따라서 모세와 성전 시대에 존재했던 성소 안의 분향단은 마지막 때에 일어날 중보기도의 향기로운 제단을 예고하며, 강력한 중보기도 군대를 미리 보여주고 있는 것이다.

그렇다!
중보기도만이 주님의 보좌를 움직일 수 있다.
중보기도만이 주님의 재림을 앞당길 수 있다.
중보기도만이 이 땅에서 부흥의 불을 일으킬 수 있다.
중보기도만이 영혼들의 마지막 추수를 풍성하게 만든다.
중보기도만이 사탄의 권세를 꺾어낼 수 있다.

중보기도만이
성령의 불을 보좌에서부터 이 땅으로 이끌어낼 수 있다.
중보기도만이 사탄의 멸망을 재촉한다.
중보기도만이 새 하늘과 새 땅을 이 땅으로 내려오게 할 수 있다.

성소 안의 분향단은 끝없이 아름다운 향으로 항상 피어올랐다. 끊임없이 주님의 보좌 앞에 드려지는 중보기도의 향이다. 하늘에서는 순교자들도 기도한다. 그리고 앞으로도 수많은 순교자들이 생겨날 것이다. 마지막 때가 가까울수록 더욱 그럴 것이다. 수많은 신자가 선교의 현장에서 박해를 받고 거룩한 피를 흘릴 것이다.

요한계시록 13장은 적그리스도가 거룩한 주님의 신부들을 핍박하고 증오하여 그들을 죽이게 될 것임을 예언하고 있다. 그러나 보라! 순교자들이 흘린 피는 역설적으로 사탄의 멸망을 앞당기는 하늘의 금 향로를 가득 채우게 될 것이다. 땅에서 박해받는 신자들의 기도 또한 그 금 향로를 가득 채우는 날이 올 것이다. 그리고 그 결과로 재림의 사건은 일어나고, 악의 권세는 멸망을 당하고, 신자들이 기다리던 영원한 천국은 그 문을 열게 될 것이다.

2. 중보기도 - 거룩한 능력의 영성

다시 성막의 분향단으로 돌아가자. 모세 당시 성소 안의 분향단에는 아무 향이나 올릴 수 없었다. 하나님은 모세에게 다음과 같이 구체적으로 지시하셨다.

> 여호와께서 모세에게 이르시되 너는 소합향과 나감향과 풍자향의 향품을 취하고 그 향품을 유향에 섞되 각기 동일한 중수로 하고 (출 30:34).

분향단에서 태워야 할 향의 재료와 만드는 방법을 하나님이 직접 모세에게 계시해 주셨다. 이러한 향들은 당시에 대단히 고급스러운 귀한 향품들로 전해지고 있다. 기도에도 주님이 기뻐 받으시는 기도가 있다는 의미이다. 주님의 뜻에 합하는 기도가 있다. 주님의 보좌에 도달하는 중보기도가 있다.

기도하는 진실한 신자들의 마음은 이럴 것이다. 영원한 심판을 앞두고 있는 세상의 영혼들을 바라보면서, 예수님을 믿기 전에 그와 똑같은 죄인의 자리에 서 있었던 자신의 모습을 보게 된다. 그리고 자기를 그 영원한 죽음에서 구원하신 주 예수님의 그 감당할 수 없는 은혜 앞에서 감사하게 된다. 이제는 다른 영혼들의 구원을 위해 기도하라는 예수 그리스도의 명령에 묵묵히 순종하며 따르게 된다. 바로 이런 사람들이 중보기도자들이다!

따라서 중보기도자들은 의인의 자리에서 죄인들을 위해 기도하는 것이 아니다. 똑같은 죄인의 자리에서 오직 하나님의 긍휼과 용서를 바라면서 다른 죄인들을 위해 기도하는 것이다. 세상의 죄인들을 자신들과 똑같이 동일시하면서 긍휼을 구하는 기도, 이러한 중보회개의 기도는 주님 앞에 피워오르는 아름다운 향과 같으며, 동시에 하늘과 땅을 움직이는 강력한 기도가 된다.

다른 측면에서 질문해 보자.

주님의 보좌까지 올라가는 기도는 어떤 기도인가?

하나님의 마음에 합한 기도는 과연 어떤 것인가?

바로 하나님의 영광을 목말라하는 기도이다. 이런 기도는 주님의 마음을 뜨겁게 움직인다.

어느 누가 이 패역한 세대에 무너져 버린 하나님의 영광을 가슴 아파하는가?

어떤 신자가 세상의 죄악 가운데 사라져버린 주님의 임재를 사모하며 기도하는가?

어떤 하나님의 자녀가 오늘날 많은 교회들의 불순종으로 인해 무너져버린 주님의 거룩한 제단이 다시 수축되기를 울부짖으며 간절히 기도하는가?

고통당하는 영혼들의 울부짖음을 자신의 심장에 함께 묻으며 더불어 눈물짓는 자가 누구인가?

만일, 그런 신자들이 있다면, 그들이야말로 이 땅의 참된 중보기도자들이다. 그런 마음으로 기도한다면 이 땅에 부흥이 일어날 것이다. 신자들이 한 영혼과 도시, 열방 가운데 하나님의 영광이 다시 임하기를 간절히 사모하며 중보할 때, 이 세대는 하늘로부터 내려오는 부흥의 불이 이 땅에 임하는 그 놀라운 영광과 능력을 경험하게 될 것이다.

또 다시 질문해 보자. 어떤 기도가 주님의 보좌에 도달하는 능력 있는 기도인가?

아마도 어느 누군가가 큰 믿음으로 주님께 드리는 기도일 것이다.

믿음은 신자들에게는 기도를 담는 아름다운 그릇이고, 응답받는 비결이기도 하다. 우리는 믿음의 눈으로 세상을 볼 수 있어야 한다. 기도하는 신자들은 비록 당장은 눈에 보이지 않을지라도, 눈에 보이는 현실 세계를 이끌어 가시는 주님의 보이지 않는 손길을 믿음의 눈으로 볼 수 있는 사람들이다.

다시 말하자면, 중보기도자들은 눈에 보이지 않는 영적 세계의 능력을 눈에 보이는 이 땅으로 이끌어 내리는 사람들이며, 기도의 열매가 이 땅에 나타나도록 기도 가운데 주님을 돕는 사람들이다. 즉 중보기도자들은 이 땅에서 주님의 나라를 완성해 나가시는 주님의 동역자들이다!

기도에는 부인할 수 없는 하늘의 능력이 담겨 있다. 중보기도 자체가 바로 능력의 영성을 담고 있는 것이다.

마지막으로, 성소 안의 분향단과 관련하여 우리가 기억해야 할 하나의 중요한 사실이 있다. 그것은 1년에 한 번 대속죄일에 분향단에 짐승의 피를 뿌려 제단 자체를 정결케 했다는 것이다. 바로 중보기도 사역이 요구하는 거룩함의 영성이다. 우리가 드리는 중보기도 그 자체는 별로 문제가 없겠지만, 중보기도 사역을 전개하는 과정에서 중보기도자 자신이나 교회 또는 사역 단체와 관련하여 문제가 발생할 여지는 얼마든지 있다.

열정적으로 기도하는 신자들의 경우에도 세상적인 죄악에 빠져들거나, 시험에 걸려 넘어지는 경우는 허다하다. 교회 안에서 헌신적으로 사역하는 중보기도팀 사이에서도 특별한 은사나 능력을 누가 더 많이 받았는가의 문제로 교만에 빠지기도 하고, 서로 시기하고 질투하기도 한다. 또한 중보기도팀과 영적 리더들인 목회자들 사이에서 발생하는 신학적 갈등도 심각한 분열을 불러 일으킨다.

이 모든 것은 효과적인 중보기도 사역을 허물어뜨리는 영적 장애물들임에 틀림없다. 따라서 우리들은 중보기도 사역의 전반에 걸친 문제들을 잘 대처하는 지혜가 필요할 뿐만 아니라, 항상 그리스도의 거룩한 보혈로 덮는 영적 제사장의 사역도 필요한 것이다.

더 나아가, 중보기도 사역 자체를 인위적으로 확장하려하는 인간적 야망이 개입될 때, 주님을 위한 사역은 사탄의 시험에 빠지게 되어 있다.

중보기도운동을 교회 안에서의 권력을 확보하기 위한 하나의 도구로 목회자들이 악용하려고 할 때도 마찬가지이다.

또는 중보기도운동을 발판으로 그것을 최대한 홍보하는 과정에서 부당한 재정과 부의 확보를 도모하려고 할 때에도 중보기도 사역은 넘어지게 되어 있다.

우리는 우리가 주님께 드리는 중보기도가 늘 성령의 기름 부으심 아래 머물기를 원한다. 그리고 우리의 중보기도 사역 자체가 주님 앞에 늘 아름답고 거룩한 향내를 잃어버리지 않기를 바란다.

이를 위해서 우리가 해야 할 일이 있다. 그것은 우리 내면에 은밀하게 숨겨진 사역의 동기를 늘 점검하는 것이다. 그리고 그것을 밝은 빛 가운데 드러내는 것이다. 즉 우리 자신의 내면을 항상 깨끗하게 할 필요가 있다는 것이다.

따라서 기도하는 신자들 사이에는 순수한 죄의 고백들이 필요하고, 서로를 향한 따뜻한 격려와 기도가 그만큼 절실하게 필요한 것이다. 마지막 시대의 중보기도 사역은 거룩한 능력의 영성을 요구하고 있다.

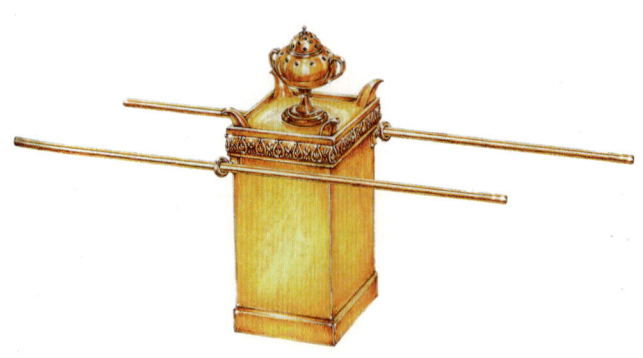

향연이 성도의 기도와 함께 천사의 손으로부터 하나님 앞으로 올라가는지라(계 8:4).

제4장

제사장 – 하나님 나라의 영성

대제사장-예수 그리스도의 예표

너는 이스라엘 자손 중 네 형 아론과 그의 아들들 곧 아론과 아론의 아들들 나답과 아비후와 엘르아살과 이다말을 그와 함께 네게로 나아오게 하여 나를 섬기는 제사장 직분을 행하게 하되 네 형 아론을 위하여 거룩한 옷을 지어 영화롭고 아름답게 할지니 너는 무릇 마음에 지혜 있는 모든 자 곧 내가 지혜로운 영으로 채운 자들에게 말하여 아론의 옷을 지어 그를 거룩하게 하여 내게 제사장 직분을 행하게 하라(출 28:1-3).

이야기 속으로 8

성막 뜰에서 번제단과 물두멍을 번갈아 바라보던 스엘은 문득 제사장들이 한가로이 쉴 수 있는 여유가 없음을 발견했다. 왜냐하면 이스라엘 백성들이 끝없이 양과 송아지를 끌고 이 성막문 안으로 주춤거리며 들어서고 있었기 때문이다. 끝없이 범하는 죄와 허물들, 끝없이 이어지는 희생제사의 행렬들…. 죄에 대한 두려움과 동시에 뭔가 형언할 수 없는 절망감을 맛보던 소년 스엘이 곁에 있던 한 제사장을 바라보며 이렇게 물었다.

"제사장님! 이 속죄하는 일은 언제나 끝이 날까요?"

제사장이 스엘을 물끄러미 내려다보며 이렇게 말했다.

"아마도 영원히…, 하나님의 계획을 정확히 알 수는 없겠지만…, 그러나 인간이 범죄하는 한 영원히 계속되겠지?"

"저…, 제사장님!"

갑자기 스엘이 약간 흥분한 어조로 언성을 높이며 말했다. 언젠가 대제사장의 화려한 복장을 본 기억이 그의 머릿속에 불현듯 떠올랐기 때문이다.

"대제사장님은 대속죄일에만 거룩하신 하나님이 계신 저 지성소 안으로 들어갈 수 있다고 말씀하셨잖아요? 그런데 제가 궁금해서 그런데요…대제사장님은 지성소에서 어떤 사역을 하시나요? 그리고 대제사장님의 가슴판에 장식된 복장에 대해 좀 설명해 주실 수 있나요?"

제사장이 담담한 어조로 이렇게 설명했다.

"대속죄일(Yom Kippur)은 우리에게는 너무나 중요한 날이지. 그래서 대제사장님은 행사 7일 전부터 미리 준비하신단다. 그날에는 우선 물로 몸을 깨끗하게 씻으신 후, 대제사장님은 평소에 입으시는 그 화려한 대제사장복을 벗고, 깨끗한 세마포 흰옷으로 갈아입고 지성소에 들어가신단다.

거룩하신 하나님 앞에서 우리 모두가 용서받아야 할 추악한 죄인임을 고백하는 마음에서이지. 대제사장님은 당일 네 번 정도 지성소에 들어가셔야만 해.

첫 번째는 금 향로를 가지고 지성소에 들어가셔서 법궤 앞에서 향로를 피우셔야만 해. 속죄소를 분향된 연기로 가리워야 죽음을 면할 수 있기 때문이지.

두 번째는 이스라엘 백성들의 죄 이전에 대제사장님 자신의 죄를 먼저 용서받기 위해 수송아지의 피를 가지고 지성소로 다시 들어가셔서 언약궤 뚜껑 위의 속죄소에 손가락으로 피를 일곱 번 뿌리신단다.

세 번째는 우리 이스라엘 백성들의 죄를 위해 지성소에 들어가셔야만 해. 그래서 그곳에서 속죄제로 바쳐진 수염소의 피를 뿌리시게 된단다(레 16:11-22).

마지막으로는 다시 지성소에 들어가셔서 모든 뒷마무리를 하시게 되지.

그리고 대제사장님의 복장에 대해서는, 너도 구경한 적이 있겠지만…, 대제사장님의 좌우편 어깨 멜빵은 호마노 보석으로 장식되어 있고, 각 보석에는 여섯 지파씩 우리 이스라엘 열두 지파의 이름이 새겨져 있단다.

　대제사장님이 하나님 앞에 설 때 하나님이 우리를 그분의 백성으로 언제까지나 기억하신다는 의미이지….”

　제사장은 감격스럽다는 표정을 잠깐 지었다. 그리고 대제사장의 복장(출 28장)을 생각 속에서 다시 음미하듯이 천천히 말을 이어 나갔다.

　“…그리고 에봇이라고 불리우는 긴 앞치마를 두르고 있고, 그 앞치마 위에 흉패가 부착되어 있지. 거기에는 번쩍거리는 각기 다른 열두 개의 보석이 박혀있단다. 그리고 역시 각 보석 마다 열두 지파의 이름이 하나씩 새겨져 있단다.

　또한 대제사장님의 가슴 앞에 부착되어 있는 흉패 속에는 우림과 둠밈이 들어있는데(레 8:8) 그 이름의 의미는 “빛”과 “완전함”이란다.

　때로는 어떤 사람이 중대한 인생의 문제에 대해 결정해야 할 때, 그 사람은 대제사장을 찾아갈수 있고 하나님의 뜻을 물어볼 수도 있는데 그때 하나님은 그 우림과 둠밈을 통해 그분의 뜻을 가르쳐 주신단다.”

　제사장은 분주히 움직이는 성소 안의 분위기를 감지하고, 자신의 사역으로 다시 돌아가야 한다는 조급함을 의식한 듯 약간 빨라진 어조로 설명해 나가기 시작했다.

　“…그리고 대제사장님은 흰 세마포로 된 관을 쓰고 계신데, 그 위에는 '야훼께 성결'이라고 장식되어 있단다. 그러나 대제사장님이 수행하시는 가장 중요한 일은….”

　잠시 스엘의 얼굴을 응시하던 제사장은 대단히 중요한 것을 설명할 때 때때로 그러하듯이 나지막하지만 대단히 강한 어투로 이렇게 설명했다.

"그분의 가장 중요한 사역은…, 이미 너에게 말했듯이, 대속죄일에 자기 자신과 우리 이스라엘 전체의 죄를 위해 그리고 이 거룩한 성막 전체를 정결케 하기 위해 지성소에 들어가 거룩하신 하나님께 우리의 모든 죄를 용서받는 일이지. 바로 중보자적인 사역이란다. 바로 그 사역 때문에 대제사장님이 존재하는 거란다."

그 얘기를 들으면서 스엘이 이렇게 말했다.

"저…, 아사셀 염소도 있잖아요? 대속죄일에 수염소 두 뿔에 붉은 줄을 매게 하고 우리 백성들의 죄를 위해 광야로 보내 죽게 만드는…."

제사장이 스엘의 말을 들으면서 흐뭇한 표정으로 고개를 끄덕거렸다.

"그래, 정말 중요한 일이지! 대속죄일, 우리 이스라엘 전체의 죄를 위해 한 마리 수염소의 피는 지성소로 보내지고, 또 다른 수염소인 아사셀 염소는 광야의 낭떠러지로 보내지고…."

스엘은 약간 몸을 돌려 불붙는 번제단을 다시 바라보았다. 그리고 속으로 혼자 이렇게 중얼거리고 있었다.

'…우리 각자가 지은 죄는 저 번제단에서 용서함을 받는 거야. 그리고 우리 이스라엘 공동체의 죄악은 거룩한 지성소 안에서, 또한 아사셀 염소의 죽음을 통해서…용서함을 받는 거야!'

제사장들-분주하고 거룩한 사역의 현장

모세 당시의 제사장들은 하루종일 성소뜰과 성소 안에서 사역해야 했다. 그 모든 사역의 주 목적은 성막을 찾아온 이스라엘 백성들을 거룩하신 하나님 앞에서 정결하게 세우는 것이었다. 즉 일종의 중보자적 사역이었다. 광야 시대의 이스라엘 백성들은 중보자들인 제사장들의 속죄 사역을 통해 하나님께 나아갔다.

그러나 십자가 사건 이후 모든 것은 달라졌다. 이제는 인간이 만든 성막이 아니라 성막 자체이신 예수 그리스도를 통해 모든 신자들이 직접 하나님의 거룩한 지성소로 들어가는 특권이 주어진 것이다.

지금도 주님은 여전히 소명을 받은 전문사역자들이나 영적 리더들에게 필요한 사도적 권세와 선지자적 능력을 부여하신다. 그러나 사역자들에게만 한정된 것이 아니다. 본질적으로 하나님의 백성 모두가 세상으로 파송된 사도적 공동체이며, 세상을 깨우는 선지자적 공동체이다. 즉 종말론적인 하나님의 나라를 세우기 위한 거룩한 사명자들이다!

그리고 이 땅의 모든 신자들이 세상을 향한 중보자적 부르심을 주님으로부터 받았다. 그리고 모든 신자들에게 권세가 주어졌다.

그러나 이러한 권세는 교회 안에서 누가 높고 누가 낮은가의 서열과는 전혀 상관이 없다. 신자들에게 주어진 권세는 그런 것을 말하는 것이 아니다. 각자의 부르심의 영역에 따라 그 사역을 수행하는 데 따르는 능력과 권세를 말하는 것이다.

세상에서도 한 분야의 전문가에 대해 그 권위를 인정한다. 적어도 한 분야에서 십 년 이상을 일했다면 그 사람은 전문가적 안목을 가진 사람이라고 볼 수 있다.

일반 신자들은 전문목회자들의 권위를 인정해야 한다. 목회자들은 목회분야에서 십 년 이상을 사역한 전문가들이다.

그들이 주님으로부터 목회자들로 부르심을 받았다면, 그들은 목회 사역에 대한 영적 리더십과 능력과 은사, 기름 부으심이 있다고 간주해야 한다. 신자들은 주님이 부여하신 그들의 목회적 권세를 최대한 인정하고 존중해야 한다.

그리고 목회자들도 신자들 안에 존재하는 잠재적인 능력들과 권세를 솔직하게 인정하고 받아들여야 한다. 일반 신자들은 하나님 나라를 위해 목회자들의 동역자로 부르심을 받은 사람들이다. 따라서 목회자는 신자들을 그들의 동역자로 세워 나가는 노력을 계속 해야 한다.

마지막 시대에는 성령의 은사와 기름 부으심이 전문사역자들뿐만 아니라, 일반 신자들에게까지 놀랍게 확장되며 임할 것이다. 이것이야말로 요엘 2장의 반복적 성취가 아닌가.

성령이 하나님의 백성들에게 풍성하게 부어질 때 우리들의 자녀들은 예언을 할 것이요, 우리의 청년들은 환상을 볼 것이며, 우리의 늙은이들은 미래적 꿈을 꿀 것이다(욜 2:28).

이 모든 능력들은 구약 시대 선지자들에게 허락된 특별한 하나님의 은혜였다. 요엘의 표현으로는 남자 노예들과 여자 노예들까지 성령이 임하며, 그들이 하나님의 선지자들로서 사역을 감당하도록 하나님의 능력이 임하게 될 것이라는 의미이다. 이러한 성령의 부으심은 오순절 사건(행 2장) 때에 일차적으로 성취되었을 뿐만 아니라, 선지자 요엘에 따르면 야훼의 날, 즉 재림의 날이 가까울수록 피와 불과 연기로 표현되는 하나님의 영광과 능력과 임재가 두드러질 것이라는 의미이다.

마지막 때에는 헌신된 신자들을 통해서 능력들이 나타날 것이다! 하나님의 나라를 확장하고 영혼들을 추수하고 주님의 재림을 함께 준비해야 하기 때문이다. 주님의 재림 직전에는 이 땅의 영적 제사장들인 신자들의 사역을 통해서 성령께서 강력하게 일하실 것이며, 사역의 현장뿐만 아니라 직장과 사업들을 통해서도 하나님의 나라가 크게 확장될 것이다.

제4부

지성소와 하늘 영성의 세계

너는 판결 흉패를 에봇 짜는 방법으로 금 실과 청색 자색 홍색 실과 가늘게 꼰 베 실로 정교하게 짜서 만들되 길이와 너비가 한 뼘씩 두 겹으로 네모 반듯하게 하고 그것에 네 줄로 보석을 물리되 첫 줄은 홍보석 황옥 녹주옥이요 둘째 줄은 석류석 남보석 홍마노요 셋째 줄은 호박 백마노 자수정이요 넷째 줄은 녹보석 호마노 벽옥으로 다 금 테에 물릴지니 이 보석들은 이스라엘 아들들의 이름대로 열둘이라 보석마다 열두 지파의 한 이름씩 도장을 새기는 법으로 새기고(출 28:15-21).

제1장

대제사장 – 새 하늘과 새 땅의 비전

모세 당시 성소 안에서 사역했던 제사장들은 그 숫자가 많았다. 왜냐하면 그들은 죽을 수밖에 없는 연약한 인간이었고, 한 사람이 죽으면 다른 사람이 그 역할을 감당해야 했기 때문이다. 즉 그들은 이 땅에서 일시적인 사역을 감당했다. 그러나 예수님은 영원한 사역을 감당하시는 분이시다. 주님은 십자가에서 죽으셨으나 다시 살아나셔서 영원히 사역하시는 하늘의 대제사장이시다.

> 제사장 된 그들의 수효가 많은 것은 죽음으로 말미암아 항상 있지 못함이로되 예수는 영원히 계시므로 그 제사장 직분도 갈리지 아니하느니라(히 7:23-24).

여기에 우리의 영원한 소망이 있는 것이다. 예수님은 우리를 위해 일시적으로 사역하다가 떠나가는 구약의 제사장과 같은 분이 아니시다.

예수님은 우리를 위해 우리 곁을 떠나지 않으시고, 영원히 함께 계시는 영원한 분이시다. 예수님은 지금도 성령을 통해 우리와 함께하신다. 그러나 기억하자. 예수님은 반드시 다시 오실 것이라는 진리를.

예수님은 인간의 죄를 짊어지기 위해 모든 인간의 대제사장으로 이 땅에 오셨다. 그러나 주님이 다시 이 땅에 재림하실 때는 그분은 더 이상 인간의 죄 때문에 오시는 것이 아니다. 주님은 신자들의 구원을 완성하기 위해 오실 것이다! 따라서 사도이시며 대제사장이신 예수 그리스도를 끝까지 믿음으로 붙들고 순종함으로 나아갈 때 우리들은 마침내 약속된 안식으로 들어가게 된다(히 4:9-11). 이 안식은 주님의 재림 후에 하나님의 보좌로부터 내려오는 새 하늘과 새 땅에서 이루어질 것이다. 지금도 천국의 모든 성도들이 들어가기를 그토록 기다리는 영원한 소망의 세계이다.

그럼에도 불구하고, 우리는 이 소망과 비전을 오랜 세월 잊어버렸다. 그러나 우리가 잊고 살아가는 새 하늘과 새 땅의 비전이야말로 기독교가 다시 회복해야 할 가장 궁극적인 비전이다. 초대 교회 시대에는 새 예루살렘성에 대한 소망이야말로 신자들이 순교하기까지 붙들었던 하늘의 능력이었던 것이다.

하나님이 모세를 통해 구약 시대의 대제사장들의 가슴에 무엇을 새겨놓았는지를 이제 주목하자. 하나님은 대제사장들의 가슴에 장차 영원한 대제사장으로 오실 예수 그리스도를 새겨놓았다. 히브리서 기자의 주된 가르침이 바로 이것이 아닌가?

그러므로 우리에게 큰 대제사장이 계시니 승천하신 이 곧 하나님의 아들 예수시라 우리가 믿는 도리를 굳게 잡을지어다 우리에게 있는 대제사장은 우리의 연약함을 동정하지 못하실 이가 아니요 모든 일에 우리와 똑같이 시험을 받으신 이로되 죄는 없으시니라 그러므로 우리는 긍휼하심을 받고 때를 따라 돕는 은혜를 얻기 위하여 은혜의 보좌 앞에 담대히 나아갈 것이니라(히 4:14-16).

대제사장의 가슴에 새겨진 새 하늘과 새 땅

그러나 더 자세히 보면, 하나님은 대제사장의 가슴에 십자가 사건 이후 그리스도의 재림을 통해 이루어질 새 하늘과 새 땅의 비전까지 뚜렷하게 새겨 놓으셨다.

영롱하게 빛나는 대제사장의 가슴을 보라. 모두 열두 개의 보석들이 달려 있었다. 그리고 서로 다른 각 보석마다 이스라엘 열두 지파의 이름이 하나씩 새겨져 있었다(출 28:15-29).

구약성경에 정통했던 사도 요한이 밧모 섬에서 주님의 계시를 받고, 그의 영이 주님의 보좌 앞으로 이끌려 올라가 미래적 환상을 받았을 때 그는 놀라운 진리를 보게 되었다. 하늘로부터 내려오는 새 예루살렘 성에는 열두 문이 있었고 그 문들 위에 열두 지파의 이름이 하나씩 새겨져 있는 것이 아닌가?

> 크고 높은 성곽이 있고 열두 문이 있는데 문에 열두 천사가 있고 그 문들 위에 이름을 썼으니 이스라엘 자손 열두 지파의 이름들이라 동쪽에 세 문, 북쪽에 세 문, 남쪽에 세 문, 서쪽에 세 문이니 (계 21:12-13).

그것은 너무나 아름답고 장엄한 그리스도의 신부의 모습이었다. 동시에 그곳은 예수 그리스도의 재림을 준비해 왔던 거룩한 신부들이 들어가 살게 될 영원한 천국의 영광이었다.

나는 개인적으로 사도 요한이 새 예루살렘성의 성곽을 이루고 있는 열두 기초석에 대한 환상을 보았을 때 더욱 놀랐을 것이라고 생각한다. 왜냐하면 각각의 기초석이 대제사장의 가슴에 부착된 보석들처럼 각자가 서로 다른 보석으로 영광스럽게 꾸며져 있었고, 각 보석에 새겨진 열두 지파의 이름처럼 각각의 기초석마다 열두 사도의 이름이 하나씩 새겨져 있었기 때문이다(계 21:14).

동쪽에 세 문, 북쪽에 세 문, 남쪽에 세 문, 서쪽에 세 문이니 그 성의 성곽에는 열두 기초석이 있고 그 위에는 어린 양의 열두 사도의 열두 이름이 있더라(계 21:13-14).

> 그 성의 성곽의 기초석은 각색 보석으로 꾸몄는데 첫째 기초석은 벽옥이요 둘째는 남보석이요 셋째는 옥수요 넷째는 녹보석이요 다섯째는 홍마노요 여섯째는 홍보석이요 일곱째는 황옥이요 여덟째는 녹옥이요 아홉째는 담황옥이요 열째는 비취옥이요 열한째는 청옥이요 열두째는

자수정이라(계 21:19-20).

그 열두 사도 중에 당연히 사도 요한 자신의 이름도 포함되어 있었다. 이 얼마나 영광스러운 일인가! 부족하기 짝이 없는 요한 자신의 이름이 새 예루살렘성의 기초석에 기록되어 있다니! 이스라엘의 열두 지파는 교회 시대를 열었던 열두 사도와 직결되어 있다. 그리고 열두 사도의 사역은 교회의 기초를 놓았고, 교회공동체는 신자들의 최종적인 구원의 완성을 의미하는 새 하늘과 새 땅의 기초가 되고 있다.

따라서 대제사장의 가슴에 달린 열두 개의 보석들과 그 위에 새겨진 이스라엘 열두 지파의 이름들은 장차 도래할 새 예루살렘 성에 대한 그림자였다.

그리고 모세 당시에 이스라엘 백성들은 성막을 중심으로 동쪽에 세 지파, 북쪽에 세 지파, 남쪽에 세 지파, 그리고 서쪽에 세 지파씩 자리잡고 있었다. 그런데 미래의 새 예루살렘 성도 그 구조가 흡사하다. 동쪽에 세 개의 문이, 북쪽에도 세 개의 문이, 남쪽에도 세 개의 문이, 그리고 서쪽에도 세 개의 문이 자리 잡고 있다는 것이다. 그리고 각각의 문은 찬란히 빛나는 거대한 수정으로 되어 있고, 열두 개의 문은 완전수 12라는 상징성이 나타내듯이 구원의 완전함을 드러내게 될 것이다.

또한 광야에서의 성막 속의 지성소의 크기는 길이와 넓이와 높이가 각각 10규빗(5미터)의 입방체로 알려져 있는데, 입방체는 완전함을 의미했다.

요한계시록 21장에 따르면, 사도 요한은 새 예루살렘 성의 길이와 넓이와 높이가 각각 일만 이천 스타디온임을 기록한다(계 21:16). 이는 약 2,400킬로미터에 해당한다. 이것은 문자적인 의미라기보다는 묵시적이고 상징적인 의미로서, 새 예루살렘성의 완전함을 보여주고 있다. 따라서 그 옛날 지성소의 구조가 우리가 장차 들어갈 새 예루살렘의 구약적 청사진이었던 것이다.

그뿐만 아니라, 이스라엘 장막집들 중앙에 하나님이 임재하신 성막의 지성소가 존재했던 것과 같이, 새 예루살렘 성의 구조도 그러하다. 새 예루살렘 성의 중심에는 하나님의 보좌가 자리잡고 있다는 것이다.

> 또 저가 수정같이 맑은 생명수의 강을 내게 보이니 하나님과 및 어린 양의 보좌로부터 나서 길 가운데로 흐르더라 강 좌우에 생명나무가 있어 열두 가지 실과를 맺히되…(계 22:1-2).

이러한 사실이야말로, 성막이 이 땅에 오신 대제사장 되신 예수 그리스도를 예표하고 있다는 히브리서 기자의 신학을 뛰어넘어, 종말론적인 신학까지 포함하고 있다는 것을 보여주고 있다. 즉 하나님이 구약시대 대제사장의 복장에 앞으로 이 땅에 임할 새 예루살렘 성의 영원한 모습까지 이미 그려 놓으셨다는 것이다. 성막은 오시는 하나님을 예고할 뿐만 아니라, 다시 오시는 하나님도 예고하고 있었다.

주님이 재림하실 때 살아있는 신자들은 영광스러운 주님을 눈으로 직접 볼 것이며, 죽은 자들은 그분을 영접하기 위해 모두 부활할 것이다.

지성소 안에 있었던 아론의 싹 난 지팡이의 메시지가 무엇인가? 이미 죽어버린 나무에서 싹이 나왔다면 그것은 죽음 이후에 새로운 생명으로 다시 살아난다는 것이다. 즉 죽은 우리가 성령의 능력으로 다시 살아나는 것, 바로 부활을 의미한다.

이러한 부활은 주님이 이 땅에 다시 오심으로 이루어진다. 우리의 영은 새로운 모습으로 부활한 육체를 입고, 온전한 인격이 되어 새 예루살렘 성으로 들어갈 것이다.

따라서 주님의 거룩한 신부들인 저와 여러분은 우리의 가슴속에서 잠시 잊어버린 새 하늘과 새 땅의 비전을 회복하고, 그 비전을 다시 노래해야만 한다. 거룩한 성에 대한 영원한 노래이다.

나 어제 밤에 잘 때, 한 꿈을 꾸었네.
그 옛날 예루살렘 성의 곁에 섰더니
허다한 아이들이, 그 묘한 소리로 주 찬미하는 소리, 참 청아하도다.
천군과 천사들이, 화답함과 같이 예루살렘 예루살렘,
그 거룩한 성아
호산나 노래하자, 호산나 부르자.

이제는 하나님의 교회들이 주님의 다시 오심을 강조해야 할 시기이다. 새 하늘과 새 땅에 대한 소망을 심어주고 올바른 성경적 가르침도 다시 시작해야 한다. 이제 신자들은 짐승의 피를 대접에 담아 두꺼운 휘장을 젖히고 하나님의 거룩한 지성소로 발걸음을 내딛는 구약의 대제사장을 기억하며, 신약의 대제사장으로 오신 예수 그리스도를 날마다 바라보아야 한다. 그 영원한 대제사장되신 예수님이 사도 요한을 통해 우리에게 주신 영원한 약속을 다시 붙들어야만 한다. 곧 새 예루살렘성에 대한 그분의 언약이다. 주님이 이 약속을 지키기 위해 이 땅에 반드시 다시 오실 것이다.

아멘, 주 예수여! 속히 오시옵소서.

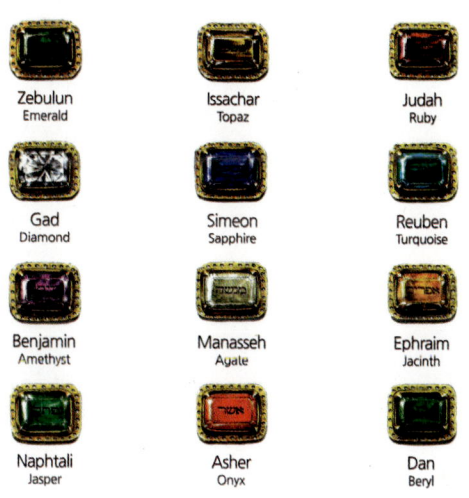

그러므로 우리는 긍휼하심을 받고 때를 따라 돕는 은혜를 얻기 위하여 은혜의 보좌 앞에 담대히 나아갈 것이니라(히 4:16).

제 2 장

휘장 – 십자가 앞에 서는 영성

너는 청색 자색 홍색 실과 가늘게 꼰 베 실로 짜서 휘장을 만들고 그 위에 그룹들을 정교하게 수 놓아서 금 갈고리를 네 기둥 위에 늘어뜨리되 그 네 기둥을 조각목으로 만들고 금으로 싸서 네 은 받침 위에 둘지며 그 휘장을 갈고리 아래에 늘어뜨린 후에 증거궤를 그 휘장 안에 들여놓으라 그 휘장이 너희를 위하여 성소와 지성소를 구분하리라(출 26:31-33).

이야기 속으로 9

성막 뜰 오른 편에 서서 잠시 스엘과 대화를 나누던 제사장은 바쁘게 움직이는 다른 제사장들을 힐끗 쳐다보았다. 여전히 번제단에서는 거센 불길이 하늘로 치솟아 올라가고 있었고, 성막 뜰의 바닥은 검붉은 짐승의 피로 흥건하게 젖어 있었다.

그 곁에는 죽음을 기다리는 염소들과 송아지들이 자신들의 마지막 운명을 감지한 듯 하늘을 향해 애처로운 울음소리를 조용히 삼키고 있었다.

번제단에 바쳐지기 위해 특별히 선정된 흠 없는 많은 양떼들도 이스라엘 백성들 가운데 기다랗게 함께 줄을 서서, 번제단에로의 행렬 속에서 침묵을 지키며 기다리고 있었다.

번제단 한 곁에서는 한 레위인이 번제단에서 짐승을 태우고 남은 재들을 부삽으로 꺼내서 재통에다 담은 후 열심히 진 밖에다 내다 버리고 있었다. 재를 그날 그날 처리하지 않으면 성막 전체가 더러워져 거룩한 성막을 깨끗하게 관리하기 힘들기 때문이다.

그 곁에서는 또 다른 레위인이 화목제물로 드려진 짐승의 가죽과 가슴 그리고 넓적다리를 갈고리와 칼로 열심히 작업하고 있었다. 이 모든 과정이 쉬운 일은 결코 아니었지만 하나님이 모세를 통해 명령하신 율법들과 규정을 따라 모두들 분주하게 움직이고 있었다.

제사장은 그 모든 광경을 한번 둘러보고 잠시 스엘을 바라보다가 원래 하던 일을 계속하기 위해 발걸음을 막 옮기려던 참이었다.

그때 스엘이 미안한 얼굴빛을 띠며 제사장에게 이렇게 물었다.

"죄송해요, 제사장님, 딱 한 가지만 더 질문하면 안 될까요?"

그 제사장은 순간 들리는 듯 마는 듯 희미한 한숨을 한 번 내쉬었다.

"…그래, 이제 정말 마지막이다. 내가 너무 바빠서…."

스엘은 가슴을 뒤로 약간 젖히며 숨을 한 번 크게 들이마셨다.

스엘의 시선은 어느새 눈에 보이지 않는 성소 안에 고정되었고, 그

지성소 안의 모습을 머릿속에서 분주하게 그려내고 있었다. 스엘의 입장에서는 물두멍 너머 성소 안과 지성소는 그가 감히 들어갈 수도 없는 금지의 구역, 바로 성역이었기 때문이다.

"저…휘장과 지성소 안에 대해서 좀 더 알 수 있을까요?"

그 말을 들은 제사장은 순간적으로 약간 긴장하면서 진지한 어조로 이렇게 대답했다.

"휘장이야말로…성소와 지성소를 구분하는 곳이란다.

휘장은 청색 자색 홍색, 그리고 흰색 이 네 가지 색으로 된 가는 실로 서로 꼬아서 만든 것인데, 그 표면에는 그룹(천사)의 모습이 아름답게 수놓아져 있단다.

그 옛날 우리의 조상 아담과 하와가 하나님께 범죄하고 에덴동산으로부터 추방되었을 때, 야훼 우리의 거룩하신 하나님이 에덴동산 동편에 그룹(케루빔, 천사)들과 두루 도는 화염검을 두어 생명나무의 길을 지키게 하셨단다(창 3:24).

마찬가지로, 거룩하신 야훼 하나님이 그분의 에덴동산의 입구에 해당하는 지성소 휘장에도 그 누구든 함부로 들어올 수 없도록 케루빔 천사들의 모습을 새겨놓으셨단다. 따라서 휘장에 수놓아져 있는 그룹(천사)들의 모습은 바로 이런 의미인 셈이지.

즉 이곳은 성역이고 인간은 죄인이기 때문에 이곳을 들어오는 날에는 죽음을 면치 못할 것이라는 강한 메시지를 전해주고 있는 것이란다.

…그리고 휘장 뒤에 안치된 법궤야말로 하나님의 거룩한 임재가 있는 곳이고, 아무나 들어갈 수 없는 지극히 거룩한 하나님의 보좌에 해당하는 곳이지.

법궤 위에 속죄소가 있고…두 그룹(천사)의 날개가 그곳을 영광 중에 덮고 있단다."

제사장은 잠시 말을 멈춘 다음, 또렷한 음성으로 다시 말을 이어나갔다.

"대제사장님도 대속죄일에만 들어가는 지극히 거룩한 곳이라고 설명한 기억이 나는데…다만, 모세님에게는 특별한 권세가 허락되어 있었단다.

 하나님의 지시가 있을 때마다 자유롭게 휘장을 젖히고 들어가 법궤 앞에서 하나님을 만나고 우리 이스라엘에게 주시는 그분의 말씀을 받는단다.

 특별한 하나님의 은혜라고 할 수 있지."

 이 말을 들으면서 스엘의 눈은 어느새 지성소 바로 위에 존재하는 경이로운 구름기둥으로 재빠르게 옮겨갔다.

 스엘은 물론, 이스라엘 백성들도 도무지 이해할 수 없는 놀라운 존재가 바로 이 구름기둥과 불기둥이었다.

 낮에는 구름기둥이 성막 위에서 하늘을 향해 높이 치솟아 있었지만, 어둠이 깔리고 광야의 그 특유한 쌀쌀한 밤기운이 이스라엘 진영을 덮치게 되면, 언제나 예외 없이 그 구름기둥 안에 마치 붉게 타는 불덩어리가 들어가 있는 듯, 구름기둥 전체가 불기둥으로 변하기 시작했다.

 그 불기둥은 성막 주변에 진을 치고 있는 모든 이스라엘 진영을 따뜻하고 밝은 빛으로 비춰주고 있어서 깜깜한 광야의 밤에도 백성들이 자유롭게 왕래할 수 있을 정도였다. 하나님의 뜻이 있어서 구름기둥이 이동하기 시작하면, 모든 이스라엘 진영은 다른 곳으로 즉시 떠날 채비를 갖추었고, 광야에서 이동하다가 구름기둥이 멈추게 되면 바로 그곳에서 또 다른 움직임이 있을 때까지 몇 년이고 그대로 머물러야만 했다.

 구름기둥과 불기둥은 인간의 상식과 지성으로는 도무지 이해할 수 없는 하나님의 초자연적인 신비로움 그 자체였다.

스엘이 다시 이렇게 물었다.

"저…만일 구름기둥이 움직이기 시작하면, 누가 지성소에 들어가서 거룩한 물건들을 정리하나요?"

제사장이 대답했다.

"아론 대제사장님과 그분의 아들들이 정리 작업을 마치면, 레위지파 중 고핫 자손들이 들어가서 법궤를 담당해서 옮긴단다. 그러나 어떤 순간에도 법궤에는 손을 대서는 안된단다!"

스엘이 즉시 물었다.

"만약, 손을 대게 되면 그때에는 어떻게 되나요?"

제사장은 생각하기도 두렵다는 표정으로 이렇게 말했다.

"손을 대면 그 즉시…하나님께 죽임을 당하게 되지…감히 인간이 손도 댈 수 없는 하나님의 큰 영광을 범했기 때문이란다.

그리고 이동 중에는 법궤가 가장 먼저 앞장서고 우리 이스라엘의 열두 지파가 그 뒤를 따르게 되어 있단다."

친절한 제사장의 모든 설명을 듣고 난 후, 스엘은 하나님을 알아가는 놀라운 기쁨이 샘솟는 동시에 설명할 수 없는 어떤 두려움이 문득 스치고 지나감을 도무지 숨길 수가 없었다. 성막뜰을 지나고 성막문을 통해 다시 밖으로 나온 스엘의 귓가에 제사장의 한 음성이 쟁쟁하게 긴 여운을 남기며 계속 맴돌고 있었다.

"손을 대면 그 즉시…하나님께 죽임을 당하게 된단다."

따라서 지성소로 들어가는 입구에 해당하는 둘째 휘장은 이렇게 말하고 있었다.

> 당신은 하나님 앞에 죄인입니다. 그러므로 당신은 하나님이 계신 이 거룩한 지성소로 결코 들어올 수 없습니다. 이 율법을 어기면 당신은 죽임을 당하게 될 것입니다.

지성소는 모세가 하나님의 음성을 듣기 위해서, 그리고 대제사장이 이스라엘의 죄를 용서받기 위해 염소의 피를 들고 하나님의 특별한 허락과 은혜 가운데 들어갈 수 있었다. 구약의 이스라엘 백성이 감히 들어갈 수도 없었던 이 지성소는 이제 우리 주 예수님의 십자가를 통해 모든 신자들에게 활짝 열리게 되었다. 하나님이 이 진리를 단적으로 보여준 사건이 예수님의 십자가 죽음과 동시에 성전의 휘장이 찢어지는 사건이었다.

> 예수께서 다시 크게 소리 지르시고 영혼이 떠나시다 이에 성소 휘장이 위로부터 아래까지 찢어져 둘이 되고 땅이 진동하며 바위가 터지고 (마 27:50-51).

당시 헤롯 왕이 건축했던 예루살렘 성전 안의 휘장은 그 높이가 약 25미터였다. 사람의 능력으로는 이 높고 큰 휘장을 이러한 방식으로는 도저히 찢을 수가 없었다. 하나님의 특별하신 계시적 사건이었음을 알 수 있다. 히브리서 기자는 예수님의 몸이 바로 휘장이며, 이 찢겨진 그리스도의 몸을 통해 지성소로 들어가는 새롭고 산 길이 열렸다고 증거하고 있다(히 10:19-22). 예수님은 유월절의 어린 양이며, 대속죄일에 이스라엘을 위해 바쳐진 두 마리의 염소였다.

7월 10일인 대속죄일이 되면, 이스라엘의 죄악을 하나님께 용서받기 위해 두 마리의 염소가 특별히 선택되었다. 한 마리의 선택된 염소는 대제사장이 지성소에 그 피를 가지고 들어가기 위해 죽임을 당하였다. 이 염소는 목에 붉은 천을 두르고 죽어갔다.

또 한 마리의 염소는 아사셀을 위해 바쳐진 염소였다. 아사셀의 의미는 "사탄에게 보냄을 받은 염소"라는 의미로 알려져 있다. 대제사장이 이 염소의 머리에 안수한 뒤, 염소는 이스라엘의 죄를 짊어지고 광야로 보내졌다.

두 뿔에 붉은 천을 두른 이 아사셀 염소는 이스라엘 진을 떠나 멀리 광야로 보내진다. 그리고 유대인들은 이 염소를 데리고 낭떠러지로 데리고 가서 밀쳐서 죽게 만든다. 그러면 다른 유대인이 나팔을 길게 불어 이스라엘 전 회중에게 이스라엘의 전체 죄악이 아사셀 염소의 죽음을 통해 용서함을 받았음을 선포하곤 했다.

그 옛날 이스라엘의 죄악을 대신 지고 이스라엘 진을 떠나 바깥 광야로 보내져 낭떠러지에서 처참한 죽임을 당했던 그 아사셀 염소처럼 예수님은 십자가를 지고 예루살렘 밖 골고다에서 몸과 살을 찢으시는 혹독한 고난을 당하셨다. 따라서 히브리서 기자는 이렇게 기록한다.

> 우리에게 제단이 있는데 장막에서 섬기는 자들은 그 제단에서 먹을 권한이 없나니 이는 죄를 위한 짐승의 피는 대제사장이 가지고 성소에 들어가고 그 육체는 영문 밖에서 불사름이라 그러므로 예수도 자기 피로써 백성을 거룩하게 하려고 성문 밖에서 고난을 받으셨느니라 그런즉 우리도 그의 치욕을 짊어지고 영문 밖으로 그에게 나아가자(히 13:10-13).

예수님은 아버지 하나님으로부터 버림받고 고통당하신 그 십자가에서 다윗의 시편을 의지하시며 이렇게 울부짖으셨다.

> 나의 하나님, 나의 하나님, 어찌하여 나를 버리셨나이까(시 22:1).

따라서 휘장의 찢김을 통해, 아니 예수 그리스도의 십자가의 죽음을 통해 하늘이 열리고 그리스도 안에서 모든 인간은 이제 영적 휘장을 지나 지성소로 들어가서 하나님과 영원한 화평을 누리게 된 것이다. 따라서 우리는 이렇게 고백할 수밖에 없다.

"휘장이 찢기고 하늘이 열렸도다. 생명과 영광이 우리의 것이 되었고, 우리가 받을 저주를 당신이 받으셨으니 하나님의 어린 양이여, 당신의 십자가의 사랑이 크시니이다!"

따라서 휘장 앞에 선다는 것은 십자가 앞에 서는 것이다.
휘장을 통과한다는 것은 그리스도의 십자가의 보혈을 지나는 것이다.

어느 누구든 휘장을 통과하지 않고서는 하나님의 지성소 안으로 들어갈 수 없다. 마찬가지로, 누구든지 그리스도의 십자가를 통과하지 않고서는 하나님의 임재와 영광 앞으로 들어갈 수 없다.

오직 십자가만을 바라보는 믿음이고, 오직 십자가의 보혈의 능력을 의지하는 영성의 세계인 것이다.

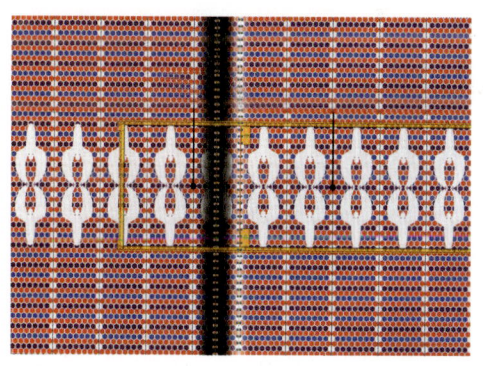

그 길은 우리를 위하여 휘장 가운데로 열어 놓으신 새로운 살 길이요 휘장은 곧 그의 육체니라(히 10:20).

제 3장

불기둥 – 순종과 능력의 영성

구름이 회막에 덮이고 여호와의 영광이 성막에 충만하매 모세가 회막에 들어갈 수 없었으니 이는 구름이 회막 위에 덮이고 여호와의 영광이 성막에 충만함이었으며 구름이 성막 위에서 떠오를 때에는 이스라엘 자손이 그 모든 행진하는 길에 앞으로 나아갔고 구름이 떠오르지 않을 때에는 떠오르는 날까지 나아가지 아니하였으며 낮에는 여호와의 구름이 성막 위에 있고 밤에는 불이 그 구름 가운데에 있음을 이스라엘의 온 족속이 그 모든 행진하는 길에서 그들의 눈으로 보았더라(출 40:34-38).

성막의 지붕 위에 임재했던 불기둥은 광야생활동안 일시적으로 이스라엘 백성들을 비추었다. 이러한 기적은 성령께서 사용하시는 특별한 천사의 사역으로 보인다.

제4부 지성소와 하늘 영성의 세계 **181**

불기둥-그 놀라운 성령의 권능

> 이스라엘 진 앞에 가던 하나님의 사자가 그들의 뒤로 옮겨 가매 구름 기둥도 앞에서 그 뒤로 옮겨 애굽 진과 이스라엘 진 사이에 이르러 서니 저쪽에는 구름과 흑암이 있고 이쪽에는 밤이 밝으므로 밤새도록 저쪽이 이쪽에 가까이 못하였더라(출 14:19-20).

사실, 성막 위에 임한 구름기둥과 불기둥은 이스라엘을 찾아오신 하나님의 방문(God's Visitation) 그 자체이며, 하나님의 현존과 능력과 영광을 선포하고 있다. 출애굽 한 후 이스라엘 백성이 시내산에 도착했을 때 하나님은 그곳에 임하셔서 이스라엘과 언약을 맺으신다. 그때 하나님은 시내산 위에 천둥과 번개와 영광의 구름 가운데 임하셨다(출 19장). 이러한 하나님의 임재가 함축된 의미로 보인 것이 바로 성막 지붕 위의 구름기둥과 불기둥이었다.

이러한 하나님의 임재와 능력은 열왕기상 18장에서 엘리야가 쌓은 제단 위에 하늘의 불로 나타났고, 사도행전 2장에서는 마가의 다락방에 불의 혀같이 갈라지는 성령으로 임하셨다. 그리고 시내산 정상 위에 울려퍼졌던 나팔소리와 빽빽한 영광의 구름 가운데 임하셨던 그 하나님은 예수 그리스도의 재림을 통해 천사장의 나팔소리 가운데 구름을 타고 다시 오실 것이다(살전 4:16-17; 계 1:7).

그리고 미래적 하나님의 나라에서는 성막 위에 임한 불기둥의 광채도 햇빛도 필요가 없을 것이다. 새 예루살렘 성에는 오직 아버지 하나님과 어린 양 예수 그리스도의 영광만이 전체 거룩한 도성을 영원한 빛으로 비추게 될 것이기 때문이다(계 21:22-23).

광야 시대의 구름기둥과 불기둥은 이스라엘의 앞길을 인도하는 역할을 했다. 이러한 구름기둥과 불기둥의 역할은 지금도 우리의 인생길을 인도하시고 동행하시는 성령의 사역으로 이어지고 있다. 불기둥과 구름기둥을 통해 이스라엘 백성들에게 계시된 주된 영성 중의 하나는 바로 순종의 영성이다.

불기둥과 구름기둥의 이동은 이스라엘 백성들의 생각이나 여론 또는 그들이 처한 상황과는 전혀 관계가 없었다. 오직 하나님의 주권과 뜻에 의해 움직일 뿐이었다. 구름기둥이 언제 떠날지, 구름기둥이 어느 곳에 머물게 될지 이스라엘 백성들은 전혀 알 수 없었다. 구름기둥이 떠나면, 이스라엘 백성들은 서둘러 그들의 장막 집을 정리해서 떠날 준비를 해야만 했다. 구름기둥이 머물면, 이스라엘은 그곳에 장막 집을 세우고 성막을 세웠다. 장소와 머무는 기간, 그 모든 것이 오직 하나님의 뜻과 섭리에 의해 결정되고 진행되었다.

이스라엘 백성들이 할 수 있는 일은 단 한 가지, 절대적인 순종뿐이었다. 절대적인 순종! 이러한 절대적인 순종이야말로 거룩함과 연결된다. 하나님의 말씀에 대한 절대적인 순종만이 거룩한 그분의 군대로 선택받고 구별된 이스라엘에게는 거룩함 그 자체였기 때문이다. 예수님도 이 땅에 계실 때 그분 안에 존재하는 신적 의지를 아버지께 위임하고, 오직 하늘 아버지께서 보여주시고 말씀하시는 것만을 순종하시면서 성령 안에서 그분의 사역을 행하셨다(요 5:19). 이러한 말씀에 대한 순종이 주님의 사역에 있어서의 궁극적인 승리의 비결이었다.

따라서 우리에게는 하나님의 뜻을 아는 것이 힘든 것이 아니고, 하나님의 뜻을 순종하는 것이 어려운 것이다. 우리 안에는 우리 뜻대로 우리 생각대로 하고 싶은 강력한 욕망과 이기심이 도사리고 있기 때문이다.

따라서 순종은 자기 자신과의 싸움이기 때문에 기쁨으로 순종할 수 없으면, 불평은 하더라도 행동으로는 순종해야 한다. 입으로 "예" 하고 대답하고 불순종하는 신자들보다는, 입으로는 "아니요" 라고 대답해도 결국은 행함으로 순종하는 신자들이 더 낫다는 것이다.

사도 요한이 목격한 예수 그리스도의 종말론적 거룩한 신부들을 보라! 이들이야말로 마지막 시대를 살아가는 하나님의 사람들이며, 이들이 소유한 가장 소중한 영성 중의 하나가 바로 순종의 영성이라는 것은 주목할 만하다.

이 사람들은 여자로 더불어 더럽히지 아니하고 정절이 있는 자라 어린 양이 어디로 인도하든지 따라가는 자며…(계 14:4).

그리스도의 신부들이요, 하나님의 군대에게 요구되는 것은 바로 말씀에 대한 철저한 순종이다. 이러한 순종의 영성은 마지막 시대의 교회들로 하여금 죄악과 사탄과의 영적 전쟁에서 최후의 승리를 거두게 하는 능력 그 자체가 될 것이다.

불기둥의 역사는 이스라엘에게는 순종의 영성을 의미하지만, 하나님의 편에서는 성령께서 행하시는 능력의 드러남을 의미한다. 따라서 불기둥은 마지막 때에 전 세계에서 일어날 성령의 초자연적인 강한 역사를 예고하고 있다. 성령께서는 눈에 보이는 현실세계와 눈에 보이지 않는 초자연적인 영역 모두를 다스리신다. 지혜와 계시의 영이시며 생명과 능력의 영이시다.

우리는 초자연적인 세계에 대한 이러한 깊은 이해 없이, 마지막 때의 사건들을 결코 바르게 이해 할 수가 없다. 사도 요한이 본 마지막 때의 환상들은 초자연적인 영역 안에서 결정되는 일들이 이 땅에서 그대로 이루어질 것임을 말해주고 있다.

즉 눈에 보이지 않는 하늘보좌에서 결정된 일들이 천사들의 사역을 통해 눈에 보이는 이 현실 세계에 그대로 나타날 것이라는 진리이다(계 5장).

하나님이 이 예언의 말씀들을 요한과 교회들에게 미리 보여주신 주된 목적이 무엇인가?

종말론적 교회공동체가 예수 그리스도의 다시 오심을 잘 준비하도록 하기 위해서이다.

따라서 성령께서 원하시는 것은 바로 이것이다! 마지막 때의 교회들의 주요사역이 신자들을 주님의 거룩한 신부로 준비시키고, 하나님의 나라를 확장시킬 수 있는 하나님의 강력한 군대를 양성하는 사역이어야 한다는 것이다.

더 나아가 죄악된 세상으로 하여금 주님의 다시 오심을 준비케 하는 사역이다.

이러한 사역이야말로, 이 땅에 다시 오시는 주님의 길을 예비하는 것이며 그 첩경을 평탄케 하는 일이다. 바로 마지막 때에 일어나야 할 세례 요한의 사역이다!

예수님 당시의 세례 요한은 초림으로 오시는 주님의 길을 예비했지만, 마지막 때의 세례 요한들은 다시 오시는 하나님의 길을 준비해야 한다. 그리고 우리가 바로 그 세례 요한들이다.

우리는 마지막 때의 영적 전쟁을 효과적으로 수행하기 위해 하늘의 일들을 이해하고 더욱 정확하게 깨달아야 한다. 우리는 인격적인 하나님이신 성령님과 동역할 것이며, 강력한 천사들의 도움을 받게 될 것이다. 그리고 주님의 일들을 방해하는 어두움의 천사들과 싸우게 될 것이다. 이들의 공격은 곧 신자들의 고난과 환난과 박해를 의미하지만 그러나 두려워 말자. 최후의 승리는 교회들의 것이다!

제4장

언약궤 – 궁극적인 승리의 영성

그들은 조각목으로 궤를 짜되 길이는 두 규빗 반, 너비는 한 규빗 반, 높이는 한 규빗 반이 되게 하고 너는 순금으로 그것을 싸되 그 안팎을 싸고 위쪽 가장자리로 돌아가며 금 테를 두르고 금 고리 넷을 부어 만들어 그 네 발에 달되 이쪽에 두 고리 저쪽에 두 고리를 달며 조각목으로 채를 만들어 금으로 싸고 그 채를 궤 양쪽 고리에 꿰어서 궤를 메게 하며 채를 궤의 고리에 꿴 대로 두고 빼내지 말지며 내가 네게 줄 증거판을 궤 속에 둘지며 순금으로 속죄소를 만들되 길이는 두 규빗 반, 너비는 한 규빗 반이 되게 하고 금으로 그룹 둘을 속죄소 두 끝에 쳐서 만들되 한 그룹은 이 끝에, 또 한 그룹은 저 끝에 곧 속죄소 두 끝에 속죄소와 한 덩이로 연결할지며 그룹들은 그날개를 높이 펴서 그날개로 속죄소를 덮으며 그 얼굴을 서로 대하여 속죄소를 향하게 하고 속죄소를 궤 위에 얹고 내가 네게 줄 증거판을 궤 속에 넣으라 거기서 내가 너와 만나고 속죄소 위 곧 증거궤 위에 있는 두 그룹 사이에서 내가 이스라엘 자손을 위하여 네게 명령할 모든 일을 네게 이르리라(출 25:10-22).

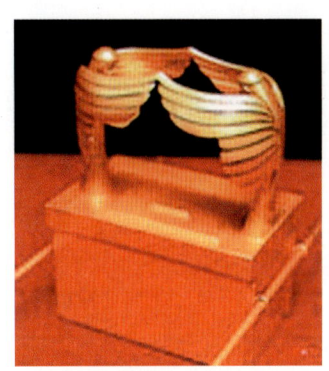

언약궤-하늘보좌의 상징

둘째 휘장 뒤에 있는 법궤는 언약궤 또는 증거궤라고도 불리운다. 특히 언약궤의 뚜껑은 "속죄소"라고 부르며, 이는 죄를 용서받는 장소라는 의미이다. 이 속죄소는 정금으로 만들어져 있었다.

그리고 이곳을 중심으로 두 그룹(천사)가 마주보고 양 날개를 연이어 맞대고 있는 모습으로 만들어져 있다. 이 그룹(천사)의 역할은 훗날 사도 요한의 환상에 의해 구체화된다. 즉 이들은 요한계시록 4-5장에 기록된 하나님과 어린 양의 보좌 주변의 천사들을 상징하고 있다. 하나님의 보좌를 수호하는 네 생물과 12장로들이며, 하나님을 찬양하고 그분의 우주적 명령을 집행하는 천군천사들인 것이다.

1. 아, 속죄소!

속죄소! 이 작고 한정된 공간은 그럼에도 불구하고 우주와 모든 피조세계를 다스리시는 하늘의 보좌를 대변하는 가장 거룩한 장소였다. 정금으로 만들어진 두 그룹(천사)가 하늘의 보좌 앞에 둘러서 있는 모든 천군천사들을 대표하듯, 그렇게 서로 마주보고 서 있었다.

두 명의 그룹(천사)들의 날개 또한 서로 잇대어 있어서 마치 속죄소를 보호하며 그 강력하고도 포근한 날개로 감싸 안고 있는 형상이다.

대제사장이 휘장을 젖히고 이곳에 서면, 그는 바로 하나님의 영광 앞에 서 있는 것이며 하나님의 하늘보좌 앞에 서 있는 것과 같았다.

대속죄일에 대제사장이 이 지성소 안으로 들어와 금 향로에서 피어오르는 향으로 이곳을 가득 채우기 때문에 지성소 안은 마치 하늘 영광의 구름으로 휩싸인 것처럼 연기와 향으로 가득 차 있었다.

이곳 속죄소는 거룩하신 하나님 앞에 죄인들이 서 있는 심판대를 연상시킨다. 대속죄일에 대제사장이 들고 들어온 염소의 피는 바로 이 속죄소 앞과 그 위에 뿌려지는 것이다. 대제사장이 이 위에 피를 뿌리면, 금으로 만들어진 속죄소의 표면에 핏방울이 부딪히고 튕겨지면서 표면 사방으로 피가 흩어지곤 했다.

황금 판에 흩어지는 핏방울의 그 붉은 빛은 생명 있음을 나타내고 있어서 마치 이스라엘을 위해 죄의 용서를 부르짖고 있는 듯했다.

하나님은 그것을 기쁘게 열납하셨다. 그래서 언약궤 위의 피 뿌림은 죄를 심판하시는 하나님 앞에 드려지는 화목제사의 향기와도 같았다.

대제사장의 지성소 사역이 이루어지는 바로 그 시간, 성막 밖에서는 금식 중인 모든 이스라엘 백성들이 기도하는 마음으로 초조하게 기다리고 있었다.

지성소 안의 대제사장이 속죄하는 마음으로 이스라엘을 대표하여 속죄소 위에 피를 뿌릴 때, 이스라엘 진중에는 하나님의 임재가 가득 차고 이스라엘에 대한 죄의 용서가 하늘과 땅에 선포되는 것이다.

대제사장은 지성소 안의 한정된 장소에서 하나님의 임재를 목격했다. 속죄소는 하늘보좌의 축소판이다. 훗날 사도 요한은 밧모섬에서 더 구체적인 하늘보좌를 보게 된다. 영광스러운 하나님의 보좌와 네 생물과 이십사 장로와 하나님의 일곱 영과 유리 바다가 바로 그것이다(계 4장). 그리고 요한은 수많은 천사들이 둘러서서 하나님을 찬양하는 그 노래소리를 들었다.

인간의 죄를 그리스도 안에서 지금도 용서하시는 이 하늘보좌는 그러나 언젠가는 오고 가는 모든 세대의 인간들을 심판하는 흰 보좌 심판대로 바뀔 것이다. 바로 그곳에서 영원한 천국과 영원한 지옥의 판결이 내려지는 것이다.

> 또 내가 크고 흰 보좌와 그 위에 앉으신 자를 보니 땅과 하늘이 그 앞에서 피하여 간데 없더라 또 내가 보니 죽은 자들이 무론 대소하고 그 보좌 앞에 섰는데 책들이 펴 있고 또 다른 책이 펴졌으니 곧 생명책이라 죽은 자들이 자기 행위를 따라 책들에 기록된 대로 심판을 받으니(계 20:11-12).

아주 어린 시절에 우리네 시골에는 "땅따먹기"라는 재미있는 게임이 있었다. 아이들끼리 빙 둘러앉아 자신의 돌을 세 번 튕겨서 누가 더 많이 땅을 확보하는가 하는 그런 게임이었다. 간단하면서도 아주 재미있는 게임이었다.

아이들은 그 놀이를 하면서 시간 가는 줄 몰랐다. 그러나 날이 저물고 어느듯 서쪽 하늘이 황혼녘에 불그스름하게 물들기 시작하는 저녁 때가 되면, 동리의 굴뚝마다 저녁밥을 짓는 연기가 모락모락 올라가기 시작한다.

어느새 주변이 캄캄해져 버린 그 즈음이면, 엄마들이 자기 아이들을 부르는 소리가 여기저기 들리기 시작한다.

"얘들아! 밥 먹어라!"

그러면 아이들은 그때까지 얼마나 땅을 많이 따 먹었는지 전혀 관계없이 그대로 손을 털고 일어나야만 한다.

우리네 인생이 그러하다. 이 땅에서 우리가 얼마나 많은 재산을 모았던지, 얼마나 큰 사회적 권력을 소유했던지 관계없이, 우리는 하나님이 부르시면 언제든지 손을 털고 아버지 집으로 돌아가야 한다.

지성소는 우리가 돌아가야 할 본향, 그 하늘의 영성으로 가득 차 있다.

따라서 언약궤와 속죄소가 주는 메시지는 간단하다. 즉 우리가 주님 앞에 서는 심판의 그날을 늘 기억하며 이 땅에서 살아가라는 것이다. 그리고 주님의 보좌 앞에 서는 하늘의 영광을 늘 사모하며 살아가라는 메시지이다.

우리 모두의 소원은 주님 앞에 서는 그날에 부끄러움을 당하지 않고, 주님이 주신 이 땅의 삶에 대해 착하고 충성된 종으로 인정을 받는 것이다. 그렇다. 바로 그것이다.

2. 언약궤 - 마지막 승리와 구원의 영성

그 옛날 법궤 안에는 십계명 돌판과 만나항아리와 아론의 싹난 지팡이가 들어 있었다고 전해진다. 그러나 솔로몬 왕 시대에 법궤 속에는 십계명 돌판만 들어 있었다(왕상 8:9). 그 뒤 법궤의 행방은 묘연해졌다. 전승에 따르면, 예루살렘성전이 무너지기 전 선지자 예레미야가 느보산 어느 곳에 숨겼다는 이야기도 있지만, 확실치는 않다.

법궤에 관한 마지막 구절은 예레미야 3장에 기록된 다음의 말씀이다.

> 여호와의 말씀이니라 너희가 이 땅에서 번성하여 많아질 때에는 사람들이 여호와의 언약궤를 다시는 말하지 아니할 것이요 생각하지 아니할 것이요 기억하지 아니할 것이요 찾지 아니할 것이요 다시는 만들지 아니할 것이며(렘 3:16).

그런데 이 땅에서 사라졌던 그 법궤가 사도 요한의 환상 가운데 하늘에서 다시 나타난다.

이에 하늘에 있는 하나님의 성전이 열리니 성전 안에 하나님의 언약
궤가 보이며 또 번개와 음성들과 뇌성과 지진과 큰 우박이 있더라
(계 11:19).

또 이 일 후에 내가 보니 하늘에 증거 장막의 성전이 열리며…하나
님의 영광과 능력을 인하여 성전에 연기가 차게 되매 일곱 천사의
일곱 재앙이 마치기까지는 성전에 능히 들어 갈 자 없더라
(계 15:5-8).

  중요한 한 가지 사실은 요한의 환상 속에서의 언약궤는 마지막 때와 관련되어 있는데, 거의 비슷한 시점에서 나타나고 있다.
  첫번 째의 환상은 요한계시록 11장에서의 두 증인의 사역과 관련되어 있다. 이 두 증인 사역은 주님이 재림하시기 직전에 공개적으로 행해지는 이 땅에서의 마지막 영혼추수 사역이다. 요한계시록 11장을 보면, 두 증인 사역이 끝난 후에 하늘의 이십사 장로들이 찬양하고 최후의 심판에 대한 메시지가 선포되고 난 후, 하늘의 성전이 열리면서 언약궤가 나타난다.
  두 번째의 환상은 요한계시록 15장에서 하늘의 유리 바닷가에서 이긴 자들의 찬양이 있고 난 후 하늘의 증거 장막이 열리고 있다. 그리고 그 후 일곱 천사들에 의한 일곱 대접재앙이 땅에 쏟아진다. 이 대접재앙은 주님의 재림직전에 일어날 마지막 재앙이다.
  사도 요한이 본 마지막 때의 언약궤 환상은 어떤 의미일까?

이것을 이해하기 위해 성막 시대의 언약궤의 의미부터 먼저 생각해 보자. 모세 당시의 언약궤는 크게 두 가지의 기능적 의미가 있었다.

첫째, 언약궤가 지성소 안에 안치되어 있을 때 그것은 이스라엘 백성들이 범한 죄의 용서와 관련된 기능이었다. 이 기능은 대제사장이 속죄소 위에 염소의 피를 뿌리는 거룩한 사역을 통해서 이루어졌다.

둘째, 성막이 이동할 때의 언약궤의 기능이다. 이스라엘 백성들이 언약궤를 앞에 세우고 행진할 때 놀라운 기적들이 일어났다. 이스라엘을 위협하는 이방 민족들이 패배를 당했고, 이스라엘을 구원하기 위해 요단 강이 갈라지고, 여리고성이 무너지는 기적들이 일어났다. 즉 언약궤는 하나님이 이스라엘의 대적을 물리치시겠다는 전쟁에 있어서의 승리의 약속인 동시에, 하나님의 백성인 이스라엘 백성에 대한 기적적인 보호와 구원에 대한 실제적인 능력이었다.

다시 요한계시록의 언약궤로 돌아가자. 요한계시록 11장을 읽어보면, 두 증인 사역을 통해 이 땅의 충성스러운 신자들이 할 수 있는 일은 다 끝이 난다. 죄악된 세상 속에서 신자들은 주님이 다시 오시는 그 길을 예비하며, 마지막 때의 복음을 증거한다.

그리고 때로는 순교의 피를 흘리며 죽어간다. 이제는 오직 하나님이 하실 수 있는 일들만 남았다.

요한계시록 15장 이후의 심판들도 그러하다. 이 심판은 하나님만이 하실 수 있는 일들이다.

따라서 사도 요한이 본 하늘성전의 언약궤는 마치 노아에게 보여준 무지개 언약과 같다. 이 땅에 있는 죄악된 세상과 사탄의 권세를 주님이 친히 심판하실 것이라는 약속이다! 동시에 믿는 그분의 자녀들을 하늘의 능력으로 온전히 보호하고 구원하시겠다는 언약에 대한 확정이다!

이 진리는 요한계시록의 수신자들에게 너무나 중요했다. 그들은 하나님의 나라를 위해 힘겹게 투쟁하고 있었던 신자들이었고, 그들에게 미래적 승리에 대한 약속은 힘든 현실을 이겨내는 능력의 근원이었기 때문이다.

우리 또한 마찬가지이다. 힘들어도 소망이 있으면 이겨낼 수 있다. 기독교의 복음은 본질적으로 영원한 소망을 약속한다. 바로 희망의 신학이다. 따라서 포기하고 싶어도 끈기를 가지고 예수님만을 의지하자. 절망 가운데서도 다시 예수님만을 바라보자.

>예수 그리스도, 그분만이 인류의 영원한 소망이시기 때문이다.
>예수 그리스도, 그분만이 하나님의 영광이시기 때문이다.
>예수 그리스도, 그분만이 하나님의 언약궤이시기 때문이다.
>예수 그리스도, 그분만이 승리케 하시는 하나님의
>깃발이시기 때문이다.
>따라서 예수 그리스도 안에 있는 한, 우리는 반드시 승리할 것이다.
>그리고 믿음을 가지고 끝까지 견디는 자만이
>승리의 기쁨을 맛보게 될 것이다.
>
>하늘과 성도들과 사도들과 선지자들아, 그로 말미암아 즐거워하라

하나님이 너희를 위하여 그에게 심판을 행하셨음이라 하더라 이에 한 힘 센 천사가 큰 맷돌 같은 돌을 들어 바다에 던져 이르되 큰 성 바벨론이 이같이 비참하게 던져져 결코 다시 보이지 아니하리로다 (계 18:20-21).

이에 하늘에 있는 하나님의 성전이 열리니 성전 안에 하나님의 언약궤가 보이며 또 번개와 음성들과 우레와 지진과 큰 우박이 있더라(계 11:19).

제 5장

지성소
예배, 친밀감 그리고 선지자적 영성의 세계

> 그러므로 형제들아 우리가 예수의 피를 힘입어 성소에 들어갈 담력을 얻었나니…(히 10:19).

1. 지성소 - 예배의 영성

예배는 하나님의 임재와 영광 앞에서 하나님을 찬양하는 것이다. 구약의 대제사장은 짐승의 피를 가지고 지성소로 들어갔다. 그러나 오늘날의 예배자 된 신자들은 휘장을 지나 하나님의 지성소 안으로 들어간다. 그리스도의 보혈을 지나 주님의 임재 가운데 나아가는 것이다.

구약의 지성소에서는 대제사장만이 이스라엘 공동체 전체의 죄사함을 위해 하나님께 나아갔다. 그러나 오늘날의 신자들은 영적 제사장들로 거룩함 가운데 직접 하나님의 임재 앞으로 나아간다.

어떻게 보면, 성막의 모든 기구들이 회개와 거룩함의 영성으로 가득 차 있다고 해도 과언이 아니다. 번제단을 보라. 번제단은 철저한 회개의 영성 그 자체이다.

물두멍에서도 거룩함은 강조된다. 성소 안에서도 거룩함은 강조된다. 우리는 이런 이유 때문에 하나님께 나아갈 때 회개하는 심령으로 나아가는 것이다. 회개는 하나님의 영광에 이르는 첫 발걸음이기 때문이다.

사실, 거룩한 하나님께 나아간다는 것 자체가 역설적으로 우리가 추악한 죄인임을 하나님께 과감하게 노출시키는 행위이다. 하나님은 완전한 빛이시기 때문이다.

추악한 죄들을 토해내는 지성소 안에서의 신자들은 그럼에도 불구하고, 주님이 보시기에는 아름다운 존재들이다. 아름다운 존재들이라고 말할 수 있는 것은 죄인 된 우리가 궁극적으로 의지하는 것이 있기 때문이다. 우리가 상한 심령으로 보좌로 나아갈 때 하나님이 부어주시는 바로 그 놀라운 은혜이다. 아들의 흘린 피 때문에 우리를 용서하시는 아버지의 사랑이다.

우리는 회개의 무릎을 통해 그 무릎을 일으켜 세우시는 하나님을 지성소에서 만난다. 우리가 회개 가운데 아버지의 심장 속에서 눈물로 부르짖을 때 우리는 멀리서 사탄이 울부짖는 그 통곡소리를 듣는다.

왜냐하면 그 악한 자가 우리를 죄의 노예로 만들 수 있는 중요한 영적 기반이 죄의 문제인데, 우리가 회개할 때 그 기반이 여지없이 무너져 내리기 때문이다. 이런 이유로 우리의 예배 안에는 구원의 기쁨을 노래하고 승리케 하시는 하나님에 대한 찬양이 포함된다. 그리고 예배를 통해 우리를 치유하시고 회복시키시는 그분의 능력과 영광을 맛본다.

예배에 관한 한, 그 옛날 지성소에 들어간 대제사장들보다 사도 요한의 체험이 더 감동적이고 역동적이다. 사도 요한은 주님의 보좌 앞에서 벌어지는 장엄하고 놀라운 예배의 현장을 목격했다. 하늘과 땅을 지으신 하나님을 향한 하늘 존재들의 예배 모습을 그는 체험했다.

그리고 죽임 당하신 어린 양 예수님께로 향한 하늘과 땅과 그 가운데 모든 피조물들의 경배를 맛보았다. 그리스도를 위해 땅에서 고통당하는 그분의 교회들을 위로하시며 승리를 약속하시는 전능하신 하나님을 요한은 하늘에서 보았다.

요한은 이 땅의 모든 것들을 결정짓는 하늘보좌의 영광과 권세를 목격한 것이다! 우리의 예배가 이런 모습이 되어야 한다. 바로 지성소 예배의 모습이다. 요한계시록 5장의 예배 모습을 잠깐 보자.

> 내가 또 보고 들으매 보좌와 생물들과 장로들을 둘러 선 많은 천사의 음성이 있으니 그 수가 만만이요 천천이라 큰 음성으로 가로되 죽임을 당하신 어린 양이 능력과 부와 지혜와 힘과 존귀와 영광과 찬송을 받으시기에 합당하도다 하더라(계 5:11-12).

이제는 메마른 뼈와 같은 심령들이 회개 가운데 말씀과 성령의 능력으로 하나님의 강력한 군대로 되살아나야 한다. 신자들의 예배가 하늘의 영광으로 가득 차야 한다. 우리는 하늘의 예배를 이 땅의 교회 안으로 사모하며 끌어내려야 한다. 개인적인 차원에서는 주님의 거룩한 신부로서 그분과의 깊은 친밀감 가운데 들어가야 하며,

교회공동체 안에서는 구원의 기쁨과 승리를 선포해야 한다. 예배를 통해 하나님을 반복적으로 만나야 하고, 우리가 먼저 변화를 경험해야 한다.

그리고 새로운 삶의 소망을 가지고 세상으로 뛰어 나가야 한다.

예수 그리스도와의 개인적 친밀감을 누리는 거룩한 신부의 자리에서 하나님의 나라를 위한 공동체적 하나님의 군대로 나아가는 것이다.

예배자의 자리에서 또 다른 참된 예배자들을 세우기 위해 세상으로 나아가는 것이다. 변화된 자로서 이제는 가정과 직장과 세상을 변화시키기 위해 나아가는 것이다.

이것이 예배의 본질이다.

2. 지성소 - 친밀감 그리고 선지자적 영성

우리가 예배자의 자리에서 주 예수님의 거룩한 신부로 주님과의 친밀감을 쌓아갈 때 우리는 동시에 주님의 음성을 듣는 선지자적 영성을 소유한 신자들로 자라날 수 있다. 모든 신자들이 깊은 차원의 풍성한 영적 축복들을 다 누릴 수는 없겠지만, 우리의 거룩한 갈망 중의 하나는 우리가 늘 주님의 임재 앞에 머물고 영적으로 그분의 보좌에까지 이르는 것이다.

성경에 나오는 구약의 선지자들과 믿음의 사람들이 그러했다. 성막의 영성에 관한 하나님의 지혜를 받았던 모세를 보자. 그는 살아계신 하나님을 직접 대면하여 친구와 같이 대화를 나눈 사람이었다(출 33:11). 그리고 이스라엘 백성들에게 전할 율법과 메시지를 하나님께 직접 받아 대언한 사람이다.

> 거기서 내가 너와 만나고 속죄소 위 곧 증거궤 위에 있는 두 그룹 사이에서 내가 이스라엘 자손을 위하여 네게 명할 모든 일을 네게 이르리라(출 25:22).

그리고 선지자 예레미야를 보라. 그가 전한 메시지는 당시의 거짓 선지자들의 메시지와 비교해 볼 때 정반대였다. 예레미야는 남 유다와 예루살렘 성읍이 곧 멸망당할 것이라고 말했고, 거짓 선지자들은 반대로 평강이 있을 것이라고 주장했다.

예레미야는 자신이 전하는 메시지가 진리라는 것을 확신할 필요가 있었다. 하나님은 그에게 하늘회의에 참석할 수 있는 은혜를 허락하셨다. 이 회의를 개역성경은 "여호와의 회"라고 번역했다(렘 23:18, 22).

하늘회의에 참석한다는 것은 기도 가운데 영으로 주님의 보좌 앞으로 이끌림을 받아 하나님이 무엇을 행하시고자 하는지를 직접 목격하는 것이다.

그뿐인가?

이사야는 선지자로 부름을 받을 때 성전 안에서 하나님의 거룩하신 보좌를 목격했다(사 6장). 날개가 여섯 달린 스랍천사들과 하늘성전에 가득 찬 하나님의 쉐키나 그 영광의 구름을 보았다. 그는 제단의 불로 자신의 죄를 용서함 받는 신비로운 체험을 하고 선지자의 사명을 받게 된다.

제사장 에스겔은 포로로 끌려간 바벨론의 그발 강가에서 하늘이 열리며 하나님의 환상을 보기 시작하면서 선지자로서의 부르심을 받게 된다. 기이하고 놀라운 네 생물에 대한 계시적 환상인데, 네 생물은 하나님의 보좌에 있는 특별한 존재들이었다(겔 1장).

다니엘은 또 어떤가?

그는 꿈의 해석에 대한 능력을 부여 받았으며, 꿈과 환상과 계시가 임한 하나님의 선지자였다. 그는 특별히 역사상의 가장 강력한 네 제국들과 주님의 재림을 포함한 마지막 때에 관한 예언적 메시지들을 집중적으로 받았다(단 7-12장). 엘리사 또한 기도 가운데 적국 아람 왕국의 내부에서 일어나는 전쟁 음모들을 알아내며, 이스라엘로 하여금 미리 대비하도록 만드는 놀라운 선지자적 지혜와 영을 소유하고 있는 선지자였다(왕하 6장).

사도 바울의 경우를 보라. 당시 1세기 로마제국하의 종교다원주의 세계 속에서 오직 십자가의 복음만을 전하며 기독교의 기초를 놓았던 이 특별한 사도는 삼천 층에 있는 주님의 보좌까지 성령 안에서 다녀왔음을 조심스럽게 간증하고 있다(고후 12:1-4).

위에서 언급한 모세, 예레미야, 이사야, 에스겔, 다니엘, 엘리사, 사도 바울을 생각해 보자. 이들은 모두 성경 속의 영적 거인들이다. 그들을 묵상하면 분주한 매일 매일을 살아가는 평범한 우리들은 이렇게 생각한다.

> 그들이 하나님의 임재와 영광을 일상적으로 체험했던 사람들이라고? 기도할 때 직접 하나님을 만나고 인간과 역사를 향한 그 놀라운 가르침과 계시의 세계로 넘나들었던 선지자들이라고? 선지자들이니까 그렇겠지. 그들은 특별하게 지음을 받았을 것이고, 특별하게 선택을 받았던 사람들이니까…나와는 전혀 상관이 없는 이야기야!

우리가 그들을 결코 무시할 수 없다는 것은 사실이다. 그러나 그들 중 대부분이 구약 시대의 사람이었다는 것을 기억하자. 성령께서 이 땅에 오신 성령의 시대를 살아가는 우리들은 모세보다 결코 작은 자들이 아니다. 모세가 성령의 충만한 능력을 받은 적은 있지만, 성령께서 그의 속에 직접 거주하신 적은 없었다.

그러나 우리는 성령께서 직접 우리 안에 거하시는 성령의 시대를 살고 있다. 이것은 너무나 놀라운 영광이며 구약 시대와 비범하게 차이를 드러내는 부분이다. 우리는 끝까지 겸손해야 하지만, 지나치게 우리 자신을 과소평가할 필요는 없다.

예를 들면, 우리가 모세의 능력과 그 영성의 세계를 절대로 뛰어넘을 수 없다고 단언하는 것은 지나친 열등의식이다. 그리스도의 은혜와 성령의 능력 안에서 우리는 모세 못지않게 쓰임을 받을 수도 있다는 것이다. 예수님도 실제로 그분의 제자들에게 이렇게 말씀하신 적이 있다.

> 내가 진실로 진실로 너희에게 이르노니 나를 믿는 자는 나의 하는 일을 저도 할 것이요 또한 이보다 큰 것도 하리니 이는 내가 아버지께로 감이니라(요 14:12).

주님과의 친밀감을 지속적으로 쌓아가는 신자들은 성숙한 선지자적 영성으로 자라날 수 있다. 그리고 언제든지 열려있는 지성소의 휘장인 하늘의 문을 통해 우리가 사모하는 예수님과 교통할 수 있다. 이것이야 말로 모든 신자들에게 열려 있는 축복이다.

그럼에도 불구하고, 성경 전체를 통해 가장 깊은 영적 영역인 하늘의 보좌에 대해 가장 구체적이고도 많은 계시적 통찰력을 소유하고 있는 사람은 역시 사도 요한이다. 선지자적인 기름 부으심의 영역에서 보면 그렇다는 말이다.

요한은 하늘의 보좌에서 직접 목격한 마지막 때의 메시지와 관련하여 무려 책 한 권에 해당되는 기록을 남기고 있다. 바로 요한계시록이다! 구약 시대의 모세도, 엘리야도, 에스겔도, 초대 교회 시대의 사도 바울조차도 사도 요한만큼 기독교의 궁극적인 완성에 대한 계시적 진리들을 빚진 못했다. 물론, 사자마다 주님이 부르신 사명과 계획이 다르기 때문일 것이다.

그러나 주목해야 할 사실은 주님의 재림이 가까울수록 진리가 더욱 더 풍성하게 이해될 것이라는 점이다. 내가 말하는 바는, 사도 요한이 본 요한계시록의 환상들을 더욱 더 구체적으로 우리의 삶과 사역에 적용할 수 있는 성경적 해석들과 깊은 깨달음들이 더욱 더 이 시대에 풍성하게 쏟아질 것이라는 의미이다. 즉 구약 시대보다는 초대 교회 시대가, 초대 교회 시대보다는 마지막 세대가 더 많은 하늘의 통찰력과 깨달음과 더 깊은 진리들을 성령님에 의해 부여 받게 될 것이다.

그러나 이러한 깊은 진리들이 현실적 고통과 어려움을 이겨내는 실제적인 능력이 되지 못하면 아무런 소용이 없다. 진리가 진리 될 수 있는 것은 삶과 죽음을 초월하여 영원한 하나님의 나라를 바라보게 만듦으로써 어떠한 박해나 환난을 극복하게 하는 능력으로 나타날 때이다. 즉 머리속의 지식이 가슴의 감동으로 나타나고, 가슴속의 기쁨과 소망이 손과 발을 통해 행함으로 나타날 때이다. 즉 삶 속에서 실제로 변화를 가져오고 열매를 맺히는 능력으로 나타날 때, 비로소 진리가 진리로서 증거될 수 있다는 것이다.

사도 요한은 지혜와 계시의 영에 있어서 대단한 영성을 소유한 선지자였다.

그러나 주님의 재림을 준비하는 마지막 세대를 살아가는 우리들은 사도 요한보다 더 큰 영광을 누리게 될 것이다. 왜냐하면, 구약 시대와 예수님 당시보다 바로 지금이 하늘에서 볼 때 훨씬 더 중요하고 영광스러운 시대이기 때문이다.

우리는 이전 세대를 살다 간 뛰어난 성경 속의 인물들보다 더 큰 은혜를 누리고 있다. 우리가 그들보다 잘났거나 뛰어나서가 아니다. 우리들과 우리의 자녀들이 하나님의 은혜 가운데 그분이 이루고자 하시는 하나님 나라의 완성을 위한 마지막 세대들로 선택되고 부르심을 받았기 때문이다. 따라서 이 시대는 하늘의 문이 더 크게 열리는 시대이다. 구원의 역사가 완성되는 시대이기 때문이다.

우리가 기억해야 할 중요한 사실은 위에서 언급한 선지자들이 하나님과 많은 시간을 함께 보냈다는 점이다. 즉 하나님을 늘 묵상하고 그분께 기도하고 삶과 사역에 있어서 늘 동행했다는 의미이다. 주님과의 개인적 친밀감이 깊어질수록, 그들은 하나님을 아는 지식에 있어서 더욱 풍성해졌고 결과적으로 하나님의 뜻과 섭리와 계획을 더 구체적으로 이해할 수 있었다.

즉 그들은 개인적 친밀감의 관계 속에서 더 깊은 선지자적 능력을 부여받을 수 있었다(암 3:7). 말하자면, 그들은 주님의 종들인 동시에 그분의 신부들이었고, 그분의 친구들이었다. 가장 친밀한 신부와 친구에게 마음속의 깊은 비밀들을 털어놓는 것은 당연한 일이다. 따라서 선지자적 능력이 주목적이 아니라, 주님과의 친밀감이 우선적인 신자들의 목표가 된다. 능력의 비밀은 바로 주님과의 깊은 관계 속에서 이루어지는 지성소 안에서의 교제에 있기 때문이다.

따라서 계시적 비밀과 드러나는 능력 이전에 하나님과 먼저 동행하는 것이 필요하다는 사실을 기억하라. 우리는 때때로 주님의 임재 앞에 서는 선지자적 영성을 가진 영적 거인들의 능력을 부러워할 때가 있다. 그러나 그들이 얼마나 많은 시간을 고독과 고통 가운데 하나님만을 붙들고 그분의 얼굴을 구하며 기도했는가를 먼저 기억하라.

결과보다 중요한 것은 동기이다. 그리고 눈에 보이는 열매 이전에 그 열매를 맺기 위한 과정이 있었음을 기억하는 것이 좋을 것이다.

따라서 우리는 영적 거인들이 누리는 외적인 영광 이전에, 그들이 먼저 하나님 앞에 올바르게 서기 위해 몸부림쳤던 그 오랜 과정들을 귀하게 생각하고 그것을 주목해야 한다. 이것이야말로 일상 속에서 하나님의 임재 앞에 서는 영성이다.

이는 하나님의 영광을 간절하게 사모하고 그 임재 앞에 서기를 끊임없이 기도하는 믿음의 소유자만이 누리는 축복이며, 그 깊은 영성의 세계를 포기하지 않고 진지하게 추구하는 자만이 받아 누릴 수 있는 축복인 것이다.

내가 주의 지성소를 향하여 나의 손을 들고 주께 부르짖을 때에 나의 간구하는 소리를 들으소서(시 28:2).

제6장

기도 여행 – 주께로 나아가는 영성

성막의 가장 큰 장점 중의 하나는 우리가 마치 눈으로 보는 것과 같은 시각적 효과가 뛰어나다는 사실이다. 우리는 성막의 핵심적인 가르침들과 진리를 배우고 난 후에 성막기도를 얼마든지 우리의 삶 속에서 적용할 수 있다. 물론, 이러한 성막기도는 항상 십자가의 진리와 연결되어야 할 것이다. 성막 자체에 머무는 것은 아무런 의미가 없다. 성막의 진리는 십자가의 빛 아래에서 그리고 다시 오시는 하나님 신학의 관점에서 동시에 조명되어야 하기 때문이다.

십자가신학과 재림신학적 관점에서 드리는 성막기도는 우리에게 큰 도움을 줄 수 있다. 성막의 모든 모습을 상상 가운데 머릿속에 그리며 성령의 임재 안으로 들어갈 수 있다는 것이다.

우리는 성막의 문에 들어서는 순간부터 지성소에 들어가는 그 순간까지 주님을 항상 만날 수 있다. 성막의 모든 것들을 한 단계 한 단계 묵상하며, 성막에 계시된 영성의 세계를 여행할 수 있다는 것은 하나의 축복이다. 우리는 그 영적 여정 내내 우리의 믿음을 고백하며 주님을 찬양하고, 그리스도 안에서 우리에게 주신 영광을 선포하며 그 놀라운 권세로 하늘과 땅에 소리 높여 기도할 수 있다. 다음과 같이.

성막 앞에서

주님, 구원의 문으로 들어갑니다. 구원하신 주님을 찬양합니다.
양의 문 되신 주님 안에서 풍성한 생명을 누리게 하소서.
구원을 완성하는 그날까지 주님과 동행하길 원합니다.
장차 새 예루살렘 성 그 영원한 문으로 들어가
왕 되신 그리스도와 함께 영광을 누리게 하옵소서.
예수님의 이름으로 기도드립니다.

번제단 앞에서

거룩하신 하나님,

십자가에서 나를 위해 흘리신 그 보혈을 찬양합니다.

죽임 당하신 어린 양되신 주님을 찬양합니다.

아사셀 염소처럼

저를 위해 십자가에서 버림받으신 주님을 바라봅니다.

저의 모든 죄를 고백하오니 보혈로 덮어주소서.

회개의 무릎으로 주님께 나아갑니다.

십자가에서 죄의 권세를 깨뜨리신 주님을 의지합니다.

저 또한 죄에서 떠나도록 도와주소서.

이제는 십자가에서 자신을 드리신 그리스도를 본받기 원합니다.

진실한 제자의 길을 걷기 원합니다.

영적 어린아이의 자리에서 자라나 순교자적 삶을 살게 하옵소서.

물두멍 앞에서

성결의 삶으로 나아갑니다.

말씀과 기도로 저를 끊임없이 정결케 하옵소서.

거룩한 주님의 신부로 거듭나길 원합니다.

세상과 타협하지 않고 오직 믿음과 인내로 나아가게 도와주소서.

이 세상에서

오직 그리스도만을 증거하는 충성된 증인이 되기를 원합니다.

홍해를 가르신 능력의 하나님을 바라보게 하시고,

현실의 고통과 환난을 믿음으로 극복하게 하소서.

먼 훗날 하늘의 유리 바닷가에서

승리의 노래를 부르게 도와주옵소서.

이제는 삶 속에서 절망하지 않게 하시고

주님만 바라보기를 원합니다.

금촛대 앞에서

영원한 빛 되신 주님의 영광을 드러내는 도구가 되기를 원합니다.
제 안에 빛으로 찾아오셔서 모든 어두움을 깨뜨려 주소서.
세상 사람들 앞에서 착함과 의로움, 그리고 섬김과 희생으로
오직 주님만을 증거하게 하옵소서.
빛의 권세로 하나님의 권능을 드러내기 원합니다.
강한 하나님의 군대로 일어나게 하옵소서.

떡상 앞에서

일용할 양식을 주심을 감사드립니다.

영혼의 떡인 하나님의 말씀을 날마다 먹게 하시고

저의 영혼이 주님 보시기에 아름답고 풍성하게 하소서.

생명의 떡으로 오신 주님만을 묵상합니다.

주님만을 제 안에 채우기를 원합니다.

주님만을 갈망합니다.

흔들리는 이 세상에서 흔들리지 않는 진리로 세워주시고,

이 마지막 때를 살아가면서 저를 통해서 이루시고자 하시는

주님의 뜻을 말씀과 비전으로 삼게 도와 주옵소서.

분향단 앞에서

끊임없이 타오르는 아름다운 향기같이

저의 기도생활이 주님 앞에 아름다운 향이 되게 하옵소서.

이제는 주님의 나라와 의를 위해 중보기도하게 하시고,

주님의 뜻이 하늘에서 이룬 것같이 이 땅에서 이루어지는 그날까지

하늘의 금향단에 저의 기도가 가득 차게 하옵소서.

성령의 인도하심을 따라 드리는 저의 기도에

하늘의 능력을 부어 주옵소서.

기도 가운데 주님과 동행하며

기도를 통해 이 땅의 교회들이 다시 일어나며

영혼들이 주께 돌아오는 영광을 보게 하소서.

대제사장 앞에서

영원한 대제사장되신 예수님 앞에
엎드립니다.
주님만을 찬양합니다.
주님의 이름을 존귀케 할 때
저를 존귀케 하시는 주님,
대제사장의 흉패에 새겨진
열두 보석을 통해 다가오는
새 하늘과 새 땅을 믿음으로 바라봅니다.
때때로 일어날 힘 조차 제게 없을 때
그 영원한 소망으로 다시 일어나
앞으로 나아가게 하옵시고,
그 영광의 능력으로 승리하게 하옵소서.

휘장 앞에서

십자가에서 저를 위해 찢으신 주님의 살과 흘리신 보혈을 인해 감사드립니다.
오직 그 십자가의 보혈에 의지하여 하나님 앞에 아름다운 예

배자가 되게 하시고

날마다 찢겨진 휘장을 통해

주님의 영광으로 들어갈 수 있도록 저를 도와주소서.

주님이 창조하신 보이는 세계와 보이지 않는 세계를

믿음으로 바라보게 하시고

그 모든 것을 다스리시는 주님만을 의지하게 하옵소서.

구름기둥과 불기둥 앞에서

지금까지 제 인생길을 인도해 주신 성령님께 감사드립니다.

제가 가는 길이 어떤 길이든 주님의 뜻이라면 죽기까지 순종하는

자녀가 되게 도와주옵소서.

이 땅의 나그네 삶이 끝나고 주님의 보좌 앞에 서는 그 순간까지

저를 인도하여 주옵소서.

주님이 주신 성령의 권능에 붙들려

오직 하나님의 영광만을 구하게 하소서.

그리고 끝까지 주님 앞에서 겸손하고 아름답게 쓰임받는 자가 되도록 은혜를 허락해 주옵소서.

지성소 안에서

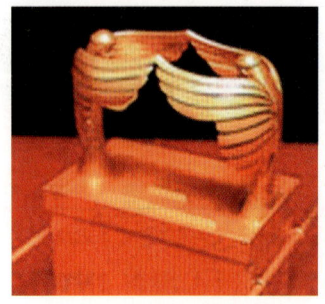

기도 가운데, 찬양과 말씀 가운데 지성소로 들어갑니다.

거룩하신 주님의 발 앞에 엎드려 주님을 찬양하고 높여 드립니다.

거룩한 신부로 주님과 함께 동행하길 원합니다.

모세같이 엘리야같이 하늘의 영광을 맛보게 하옵소서.

저를 향한 주님의 뜻을 알게 하시고 충만한 하늘의 영광으로

이 땅에서 승리하며 살게 하옵소서.

하늘의 능력을 겸손하고 거룩하게

이 땅에 풀어내는 도구가 되게 하소서.

영원히 주님의 보좌 앞에 서는 그 순간까지,

주님의 심판대 앞에 서는 그날까지

주님의 다시 오심을 늘 깨어 준비하게 하옵소서. 아멘.

제5부

성막
초월적인 그러나 균형잡힌 영성의 세계

모세가 항상 장막을 취하여 진 밖에 쳐서 진과 멀리 떠나게 하고 회막이라 이름하니 여호와를 앙모하는 자는 다 진 바깥 회막으로 나아가며 모세가 회막으로 나아갈 때에는 백성이 다 일어나 자기 장막 문에 서서 모세가 회막에 들어가기까지 바라보며 모세가 회막에 들어갈 때에 구름 기둥이 내려 회막 문에 서며 여호와께서 모세와 말씀하시니 모든 백성이 회막 문에 구름 기둥이 서 있는 것을 보고 다 일어나 각기 장막 문에 서서 예배하며(출 33:7-10).

제1장

주님의 임재

성막의 지성소는 날마다 우리에게 이렇게 말씀하고 있다. 휘장을 젖히고 이제 하나님께 나아가라! 그러나 아직도 우리는 그 휘장을 젖히고 하나님의 지성소 안으로 들어가는 것을 두려워하고 있다. 신자들은 이미 그들 앞에 활짝 열린 휘장인데도 불구하고, 휘장 너머 더 높은 차원의 영적 세계로 들어가는 것에 의외로 관심이 없다.

많은 신자가 이 땅에서 영광스러운 주님의 임재를 체험하지 못하고 단조롭고 따분한 신앙 생활을 스스로 선택하고 있다. 바로 우리 모두가 그리스도 안에서 성령의 놀라운 임재도 그 능력도 제대로 체험하지 못하고, 세상이 주는 안일함과 쾌락 속으로 몸을 던지고 있다는 것이다.

하나님의 거룩한 지성소로 나아가는 영성, 그리고 주님의 뜻을 끊임없이 묻고 추구하고 순종하는 선지자적 영성은 마지막 때를 살아가는 하나님의 교회들에게 반드시 필요한 영성이다. 이는 마지막 때에 세상에 넘쳐나는 수많은 죄악들과 유혹들을 날마다 삶과 사역의 현장 속에서 직면하고 있는 하나님의 군대들에게 반드시 필요한 영성이다. 지성소로 들어가는 영성은 영원한 신랑 되신 주님을 기다리며 거룩하게 자신을 정결케 해야 할 종말론적 그리스도의 신부들에게 반드시 필요한 영성이며, 피 흘리기까지 이 세상과 싸워야 할 신자들에게 반드시 필요한 종말론적 영성이다. 그 모든 승리의 근원이 지성소에서 나오기 때문이다.

먼 훗날, 우리는 영원한 천국에서 우리가 영적으로 초라하게 살았던 이 땅에서의 삶과 사역을 돌아보면서 성령 안에서 주님을 위해 좀 더 가치 있는 삶과 사역을 감당할 수도 있었음을 깨닫고 후회하게 될 것이다.

우리가 좀 더 높은 차원의 영적 영역을 거닐면서 우리에게 주시는 주님의 그 풍성한 은사들을 통해 죄악된 세상과 잃어버린 영혼들을 그리스도에게로 제대로 인도하지도 못하고 그냥 천국으로 들어왔음을 아쉬워하게 될 것이다.

천국에 도달하고서야 비로소 소수의 영적 거인들이 누렸던 그 모든 영과 육의 축복들을 부족하기 짝이 없는 우리 또한 마음껏 누릴 수도 있었던 특권이었음을 알고 그것을 필사적으로 구하지 못한 우리의 무능력한 기도 생활에 한숨을 쉬게 될 것이다.

그리고 영광스러운 마지막 시대를 살면서 우리가 주님의 재림을 좀 더 적극적으로 준비하지 못하고 세상에 알리지 못한 우리의 게으름과 영적 무지를 뼈저리게 후회하게 될 것이다. 새 예루살렘 성 안으로 들여보내야 할 그 수많은 영혼을 위해 우리가 좀 더 많이 기도하지 못하고, 하늘의 능력과 권세로 영혼들을 좀 더 추수하지 못했음도 후회하게 될 것이다.

동시에 하늘의 전략들을 좀 더 알아 우리와 다른 이들의 삶 속에서 역사하는 사탄의 권세들을 효과적으로 깨뜨리지 못하고 패배하는 삶을 살았음을 뒤늦게 깨달을 때 우리는 천국의 문 앞에서 목 놓아 울게 될 것이다.

따라서 이제는 이 땅에서 열매 맺는 삶을 더 사모하고 추구해야 한다. 신자들은 그 모든 것을 가능케 하시는 주님께 사도 바울이 기도했던 지혜와 계시의 영을 풍성하게 부어달라고 간구해야 한다.

하늘의 능력들을 주님의 나라를 위해 누리고 경험하도록 기도해야 한다.

날마다 더 높은 차원의 영적 영역 안에서 주님이 허락하시는 하늘의 영광을 맛보도록 간구해야 한다.

날마다 거룩하고 살아 숨쉬는 하나님의 임재에 푹 젖어야 한다.

하늘 가는 밝은 길을 날마다 바라보면서 하늘의 영광을 소망 가운데 바라보고, 매일의 삶 속에서 굵은 베옷을 입고 회개 가운데 주님의 심판대 앞에 서며, 죄악의 유혹을 물리치고 우리의 삶과 사역 가운데 역사하는 어두움의 권세와 싸우는 영성, 바로 이러한 영성이 그리스도의 신부 된 영성이며 하늘의 전사로 부름받은 종말론적인 영성이다.

그러므로 이제는 휘장을 담대하게 젖히고 지성소 안으로 뛰어들라.

주님이 여러분을 초자연적인 세계로 초청하시는 그 음성에 적극적으로 응답하라.

영혼들을 사랑하시는 그리스도의 심장 속으로 들어가기를 사모하라.

목마른 사슴이 시냇물을 찾기에 갈급함같이 주님을 향한 불붙은 갈급함과 사모함으로 더욱 당신의 영혼을 채우라.

영적 눈이 열리기를 사모하고 영적 귀가 열리기를 기도하라.

하늘의 기름 부으심으로 덧입기를 기도하라.

말씀의 진리 속으로 깊이 들어갈 수 있는 더 큰 은혜를 사모하라.

언약궤로부터 나오는 하늘의 권능을 덧입으라.

그리고 이 권능으로 주님의 나라를 확장하라.

오직 갈급한 자만이 그리고 용기 있는 자들만이 초자연적인 세계와 하나님의 크신 은혜를 받아 누릴 수 있는 것이다.

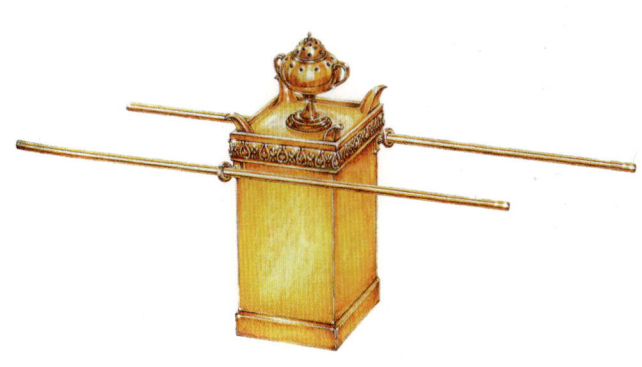

너희가 구하는 바 주가 갑자기 그의 성전에 임하시리니 곧 너희가 사모하는 바 언약의 사자가 임하실 것이라(말 3:1).

제 2장

삼위일체적 영성

성막의 지성소는 휘장, 법궤, 그리고 법궤 지붕 위에 존재하는 불기둥과 구름기둥으로 구성되어 있다. 휘장은 예수 그리스도를, 법궤는 아버

성막-구원과 성화에로의 여정

지 하나님의 임재와 영광을, 그리고 구름기둥은 성령님을 상징한다.

따라서 지성소는 성 삼위일체 하나님의 임재가 동시에 나타난 곳이라고 볼 수 있다. 사도 요한은 그의 영이 하나님의 보좌 앞으로 이끌림을 받았을 때 그는 하늘의 보좌에 계신 하나님 아버지와 보좌 앞에 계신 일곱 등불로 표현된 성령님과 죽임 당하신 어린 양이신 성자 예수님이 네 생물과 이십사 장로들에게 둘러싸여 있는 것을 목격한 바 있다(계 4-5장).

성막의 전체 구조는 어떻게 보면 신자들이 믿음 안에서 천성을 향해 걸어가는 천로역정의 여정과도 같고, 예수 그리스도를 닮아가는 성화의 과정과도 같다.

우리는 하나님의 은혜 가운데 구원의 문으로 들어온다.

이 단계에서는 초신자의 단계로 구원을 받았다는 기쁨만이 존재하고, 죄에 대한 의식은 약한 편이다.

그러나 복음을 맛보고 신앙생활이 깊어지면서 신자들은 그들의 삶 가운데 하나님의 인도하심을 경험한다. 그리고 성령의 세미한 음성을 듣기 시작한다.

신자들은 어느 날 자신들이 영적 번제단, 그 영원한 십자가 앞에 문득 서 있음을 깨닫게 된다. 죄를 인식할 수 있는 하나님의 진리의 빛이 그 영혼 속에 들어왔기 때문이다.

그래서 자신의 삶이 하나님 앞에서 무언가 잘못되어있음을 깨닫는다.

하나님 앞에서 신앙생활을 그런대로 잘 한다고 자부해왔던 자신의 모습이 그동안 얼마나 추악한 죄인의 자리에 있었는지를 알고 짐짓 놀라게 된다.

하나님의 마음을 알고 회개하는 심령 가운데 걸어가게 된다. 이제는 세상에서 예전에 쉽게 범했던 죄악에 대한 양심이 살아나고 괴로워하면서, 세상과 내면적 죄와의 힘겨운 투쟁이 시작된다.

성막의 뜰은 육적인 영역에서 일어나는 거룩함을 향한 투쟁의 시작이다.

성막의 뜰에 있는 물두멍은 구원 그 이후의 삶인 성화의 시작이다. 신자가 구원을 받고 살아가지만 끊임없는 세상의 죄악에 직면하면서 날마다 물두멍의 필요성을 절감한다. 마치 제사장들이 성소에서의 사역을 위해 날마다 물두멍에서 광야의 먼지로 더러워진 자신의 손과 발을 깨끗하게 씻어야만 했던 것처럼 말이다.

영적 번제단인 십자가에서 죄의 용서함을 받고 구원을 받았음에도 불구하고, 신자들은 내면의 상처들과 예전의 나쁜 습관들이 그냥 자동적으로 없어지는 것이 아님을 깨닫는다. 날마다 죄를 회개함에도 불구하고, 일상적인 삶 가운데 반복적으로 넘어지는 자신의 모습을 보면서 절망하기도 한다.

성막뜰에 있었던 물두멍은 손과 발을 씻는 장소로만 존재했던 것은 아니다. 이 물두멍은 홍해의 바다를 상징하기도 하며, 승리하신 하나님의 전리품으로서 승리하도록 인도하시는 하나님 자신을 드러내는 곳이다.

실패하는 삶 가운데 끝없이 좌절하고 절망하는 신자들은 이 물두멍에서 자신의 인생 가운데 최후의 승리를 거두도록 격려하시는 주님을 만난다. 신자들은 온전하신 예수 그리스도를 본받도록 가르침을 받지만, 이 땅에서는 결코 그리스도처럼 온전해질 수는 없기 때문이다. 그럼에도 불구하고, 하나님의 뜻은 그분의 백성들이 끊임없이 예수 그리스도를 향한 성화의 발걸음을 계속 걸어가는 것이다. 하나님은 우리에게 이 과정은 신자의 삶 속에서 계속되는 영적 투쟁의 과정이라고 말씀하신다.

따라서 신자들이 주님 앞에 서는 그날까지 그들 자신 속에 있는 내면의 죄악과 투쟁해야 한다는 것은 분명한 진리이다. 성령께서는 세상의 유혹과 악의 권세들을 신자들이 대항하여 끈질기게 싸우도록 능력을 부여하신다. 신자들은 예수 그리스도의 신부이며 하나님의 군대이기 때문이다!

성막의 뜰에 있는 번제단과 물두멍이 육적인 영역에서 일어나는 투쟁이라면, 성소 안에 있는 금 촛대와 떡상과 분향단은 혼적인 마음의 영역이다. 그리고 동시에 신자들의 구체적인 사역의 장소이다.

영적 제사장들인 우리들은 우리들만의 인생을 위해 살도록 부르심을 받지 않았다. 우리는 다른 사람들을 섬기도록 부르심을 받았으며, 하나님의 영광을 추구하도록 신적 부르심을 받았다. 따라서 신자 된 우리들은 성소 안으로 들어가서 구체적인 사역을 감당해야만 한다.

단순히 세상의 죄악과 유혹에 직면하여 자신과 힘겹게 싸우는 단계를 넘어서서, 먹고 사는 일상적인 삶의 굴레에서 벗어나서, 이제는 성소 안에서 자신의 마음의 영역에서 열매를 맺으며 일상적인 삶과 사역 가운데 종말론적인 하나님 나라를 위해 일어서야 한다.

금 촛대 앞에 우리는 담대히 서서 세상의 빛으로 선한 일을 통해 하나님의 영광을 드러내야 하고, 하나님의 군대로서 빛의 권세를 증거하고 선포함으로 하나님 나라를 확장해 나가야 한다. 바로 왕 같은 제사장직의 수행이다!

떡상 앞에서 이 땅에 인간의 육신을 입고 오신 그리스도의 말씀으로 자신의 영혼을 강건케 하고, 분향단에서 자신과 세상을 위한 중보기도 가운데 하나님의 전신갑주를 덧입어야 한다.

말씀과 기도와 그리스도의 권세로 내면의 세계인 속사람을 강건케 한 후, 우리는 보냄을 받은 세상 한복판에서 그리스도의 제자도를 추구하며 사람들을 섬기게 된다.

금 촛대와 떡상과 분향단 사이를 끊임없이 오가면서 하나님의 영광을 위한 삶과 사역을 추구하는 것이 우리 신자들의 진정한 부르심인 것이다.

이러한 성소적 영역을 지나 신자들은 휘장을 통과하여 마침내 영적 영역의 가장 깊은 곳까지 도달하게 된다. 하나님과의 깊은 친밀감의 세계인 지성소이다. 영적으로 주님의 보좌 앞에 서는 자리이다. 이곳은 하나님의 충만한 영광을 맛보면서, 이 땅에서 천국의 능력으로 살아가는 삶의 자리이다.

요한계시록 4장의 사도 요한처럼, 눈에 보이는 세계뿐만 아니라, 눈에 보이지 않는 세계 또한 성령 안에서 누리면서 주님과 연합하는 삶이다. 이는 미래적 새 하늘과 새 땅의 영광을 현재의 삶 속에서 맛보며 살아가는 삶이다. 이러한 영광을 누리며 사는 신자들이 결코 많지 않지만 그럼에도 불구하고, 우리는 그 영광을 추구하며 살아야 한다.

그러나 육적인 영역과 혼적인 영역과 영적인 영역이 완전히 서로 분리되어 있다고 생각하면 착각이다. 비록 육적인 영역을 지나 혼적인 영역으로 들어가고 혼적인 영역을 넘어 영적인 영역으로 나아가는 그 방향성은 존재하지만, 성부 하나님과 성자 예수님, 그리고 성령 하나님이 세 분 인격 안에서 한 분 하나님으로 존재하시는 것처럼 이 세 영역 또한 마찬가지이다. 이 영역들은 구분되지만 결코 분리할 수 없다. 구원의 단계 없이 성화의 과정이 있을 수 없으며, 그리스도를 닮아가기 위한 힘겨운 영적 투쟁의 과정 없이 하나님의 영광을 맛볼 수 없기 때문이다.

우리는 영적 지성소에서 하나님의 놀라운 임재와 깊은 영광을 맛보기도 하겠지만, 우리는 끊임없이 다시 영적 번제단으로 돌아가 우리의 죄악된 모습을 재점검해야 한다. 하나님의 영광을 위한 사역의 장에서 다른 사람을 섬기기도 하겠지만, 우리 자신의 영혼을 물두멍 앞에 다시 세워야 하며 그곳에서 날마다 거룩함을 추구해야 한다. 그리고 때로는 절망감 가운데 쓰러지기도 하겠지만 그 앞에서 우리 자신을 승리케 하시는 하나님의 능력을 바라보며 다시 일어나야 한다.

우리는 어느 누구도 완전하지 않으며 어떤 한 영역에서만 머물수도 없다.

성막에 계시된 삼위일체의 영성은 육적으로나, 혼적으로나, 영적으로나 한 쪽에만 치우치는 것을 막아준다. 우리의 몸이 건강해야 마음도

즐겁고 우리의 영이 하나님 앞에 바로 서야 마침내 육체의 부활을 경험할 수 있듯이, 신자들의 삶은 영육 간에 균형을 이루어야 하고 영육 간에 다함께 열매를 맺어야 한다.

삼위일체 하나님이 한 분 하나님 안에 존재하듯이 우리의 영혼과 육체도 한 인격 안에서 존재하기 때문이다.

아버지께서 나를 사랑하신 것 같이 나도 너희를 사랑하였으니 나의 사랑 안에 거하라(요 15:9).

제3장

균형을 추구하는 영성

영적 임재를 사모하고 더 높은 차원의 영적 세계를 거닐며 그 모든 능력과 기름 부으심을 누리고 사용하는 것이 필요한 시대이다.

그럼에도 불구하고, 우리가 기억해야 할 것은 영적인 것들에 대한 진지한 추구가 이 땅에 대한 현실적 감각을 상실하게 만들고, 천국의 세계에만 머물게 만드는 위험 속에 우리를 빠뜨릴 수도 있다는 사실이다.

우리는 지성소 안에 들어가야 하지만, 지성소 안에는 만나를 담은 항아리도 있었음을 기억해야 한다. 그 거룩한 곳에는 법궤만 존재한 것이 아니다. 만나도 있다. 법궤의 십계명은 인간의 영을 위한 것이지만 만나는 인간의 육을 위한 것이다.

만나 자체가 하나님의 초자연적인 기적에 의해 하늘로부터 온 것이지만, 만나는 광야에서 매일 매일 먹어야만 살 수 있는 이스라엘 백성들을 위해 하나님이 주신 것이다. 즉 하나님은 이스라엘 백성들이 먹고 사는 것에도 관심이 많았음을 의미한다.

초자연적인 영역 안에 거하는 신자들이 잘못하면 극단적인 신비주의에 빠질 위험도 있음을 자각해야 한다. 발생할 수 있는 한 가지의 오류는 영적인 것만이 최선의 것이고, 현실생활은 낮은 차원의 것으로 착각하는 것이다.

그러나 우리가 믿는 하나님은 기적적인 치유를 베푸시는 하나님이실 뿐만 아니라, 의학과 과학 및 기술에 대한 지혜와 지식도 주신 분이시다. 일찍이 야고보 사도는 엘리야의 초자연적인 능력과 의인으로서의 기도의 능력을 말하면서도, 병든 자를 위하여 "주의 이름으로 기름을 바르며 위하여 기도할 것"(약 5:14)을 권면했다. 기름은 고대 세계에서 치료를 위한 하나의 의료행위에 해당했다.

따라서 약을 쓰고 병원을 다니는 것이 불신앙이 아니다. 불신앙은 하나님 대신 의학적인 치료만을 전능한 신으로 의지하거나, 약이나 의사를 통해서도 일하시는 주님을 믿지 않는 것이다. 불신앙은 때로는 기적적인 치유도 일어날 수 있음을 믿지 못하고, 나타난 주님의 능력조차 부인하는 것이다.

우리에게 중요한 것은 균형적인 감각이다. 하늘과 땅의 만남이며 눈에 보이는 세계와 눈에 보이지 않는 세계 사이의 균형이 존재해야 함을 의미한다.

마태복음 17장에는 소위 변화산 사건이 기록되어 있다. 주님은 베드로와 야고보와 요한만을 데리고 변화산 위로 올라가셨고, 제자들은 그곳에서 신비로운 영적 체험을 경험한다. 베드로는 변화산 위에 임하신 하나님의 강력하고도 영광스러운 임재에 압도당하게 된다. 그리고 그는 "주여, 우리가 여기 있는 것이 좋사오니…"(마 17:4)라고 고백한다.

이 사건에는 베드로가 얼마나 영적 세계에 대해 갈급함과 사모함을 가지고 있었는지를 잘 보여준다. 베드로는 시간과 공간을 초월하여 변화산을 찾아온 구약의 두 대표적인 인물인 모세와 엘리야를 목격했고, 그곳에서 예수님의 얼굴이 해같이 빛나고 그 옷이 빛과 같이 희어지는 영광을 보았다.

그리고 베드로는 산꼭대기에 하나님의 영광이 빛난 구름같이 뒤덮는 것을 체험했으며, 구름 속에서 "이는 내 사랑하는 아들이요, 내 기뻐하는 자니 너희는 저의 말을 들으라"(마 17:5)라는 하나님의 음성도 경험했다. 그때 베드로와 제자들은 너무나 강한 성령의 임재 때문에 땅에 쓰러지기도 했다.

따라서 변화산 위에서 경험한 이러한 영적 체험이 나중에 사도 베드로의 사역에 지대한 영향을 미치게 된다. 베드로는 그의 죽음이 임박했을 때 그가 전한 예수님의 능력과 재림에 대한 메시지가 인간적으로 만들어낸 것이 아님을 언급하면서, 자신은 변화산 위에서 그리스도의 위엄과 영광을 직접 체험했음을 담대하게 간증하고 있기 때문이다(벧후 1:16-18).

그러나 베드로가 오직 신비적 체험에만 빠져 있다고 생각하면 오산이다. 베드로는 변화산 체험을 이야기하고, 곧 이어서 당시의 두루마리 성경책인 선지자의 예언의 말씀을 깨달아 알 것을 권면하고 있다. 베드로의 균형 잡힌 영성이다.

실제로 변화산 위에서 놀라운 영적 체험을 한 제자들은 곧바로 그 산에서 내려와야만 했다. 왜냐하면 산 밑에는 귀신들려 고통당하는 한 아이의 현실적인 문제가 그들을 기다리고 있었기 때문이다(마 17:14-20).

신자들 중에는 영적 임재에 쉽게 빠져드는 분들도 많다. 기도하기를 좋아하고 성령의 임재가 충만한 집회에 참석하는 것을 좋아하는 분들이다. 신령한 것들을 사모하고 추구하는 분들이다. 너무나 귀하고 아름다운 일이다. 우리는 영적인 것들을 더욱 추구해야 한다. 세상 재미와 쾌락에 빠진 신자들도 얼마나 많은가!

그러나 문제는 영적인 것들에는 관심과 열정을 쏟아 부으면서 상대적으로 현실과 세상일을 지나치게 등한히 할 때 일어난다. 영적인 일들에 대한 투자만큼 우리는 가정과 직장 일에도 최선을 다해야 한다.

우리의 영성이 하늘에 속한 영성이 되어야 하지만, 우리는 육신을 가지고 있으며 복잡하고 해결해야 할 세상일들도 감당해야 하는 사람들이다. 마치 베드로와 제자들처럼 변화산 위에서 언제까지나 하나님의 임재 가운데만 머물 수 없었던 것과 같다.

우리 또한 영광과 임재의 산을 내려와서 이성과 논리와 상식을 동원하여 현실적인 문제들을 처리해야만 한다. 즉 현실에 뿌리내린 영성 또한 중요하다는 의미이다. 따라서 영적인 것을 추구하는 것 못지않게 세상일에도 최선을 다해 일하는 것이 건강한 영성이다. 주 안에서 통합된 영성의 세계이다. 우리에게는 늘 적절한 균형이 필요하다. 때로는 세상일을 떠나 깊은 기도 가운데 주님을 만나고 그 음성을 듣는 신부의 영성도 필요하다. 그러나 지나친 기도 시간 때문에 남편과 아이들이 필요로 하는 일상적인 식사를 챙기지 못한다면, 더 이상의 기도를 멈추어야 한다. 그리고 가정으로 즉시 돌아가 아이들과 남편을 섬겨야 한다. 일상적인 삶의 영성이다.

놀라운 영적 부흥과 신비적인 체험들을 직접 경험하고 목격한 바 있는 요한 웨슬레조차도 극단적인 신비주의나 지나친 감정을 유발하는 열광주의에 빠지는 것을 다음과 같이 경계한 바 있다.

> …위험한 것은 울부짖음, 진동, 환상, 입신 등과 같은 현상이 우리의 내적인 역사(변화)에 필수적인 것이라 하여, 이러한 현상 없이는 안 되는 것처럼 생각하여, 특수한 현상을 너무 강조하는 것이다. 또 다른 위험은 아마도 이러한 특별한 현상을 너무 과소평가 하든지, 전적으로 정죄하든지, 또한 하나님의 일과는 아무런 관계가 없으며, 하나님의 역사에 방해가 된다고 상상하는 것이다.

가장 영적인 것은 가장 인간적인 것이다. 눈에 보이지 않는 영적 세계를 창조하신 하나님은 눈에 보이는 오묘한 우주만물도 창조하신 분이다. 거대한 태양계를 사랑하시는 하나님은 들에 핀 꽃 한 송이, 하늘을 나는 한 마리 참새에도 관심을 가지고 계신다. 영원부터 영원까지 다스리시는 하나님은 일시적이고 눈에 보이는 보잘것없는 인간의 육신을 입고 이 땅에 오셨다.

따라서 영으로 하늘의 보좌에 이르는 높은 차원의 신자들은 동시에 가장 낮고 작아 보이는 일상적인 삶에도 최선을 다해야 한다.

다시 강조하지만, 우리에게 중요한 것은 영성과 지성 사이의 균형이다. 기적과 상식 사이의 균형이다. 하늘에 속한 영성과 땅에 뿌리박은 현실적 영성과의 균형이다. 말씀과 은사 간의 균형이다. 신학과 실재와의 균형이다. 영적 갈급함과 현실적 삶 사이에서의 아름다운 균형감각이다. 이러한 균형이 깨어지면 극단적으로 치닫게 되고, 그 마지막은 영적 미혹과 타락과 멸망의 길로 빠지기 쉽다.

성막은 이스라엘의 천막집들 중앙에 위치해 있었다. 이스라엘 백성들은 성막에서 비범한 하나님의 영광을 보았다. 그리고 대제사장만이 들어갈 수 있는 지성소에 대한 이야기를 통해 거룩하신 그분의 임재를 느꼈다.

그뿐인가?

홍해가 갈라지는 드라마틱한 하나님의 권능, 성막 위에 존재했던 구름기둥과 불기둥의 존재, 광야에서 하늘의 양식인 만나와 메추라기를 맛보는 신기한 이적들, 그리고 반석에서 물이 솟는 하나님의 능력도 그들은 맛보았다. 그 모두가 현대의 신자들이 맛보지 못한 신비롭고 비범한 체험들이었다. 그럼에도 불구하고, 이스라엘은 믿음에서 넘어졌다. 그래서인지 미국의 베스트셀러 작가 필립 얀시(Philip Yancey)는 『하나님, 당신께 실망했습니다』(Disappointment with God: three questions no one asks aloud)라는 그의 책에서 이렇게 쓴 적이 있다.

> 기적의 가치가 무엇인가? 그 옛날 이스라엘 백성들은 그렇게 숱한 기적들을 맛보고도 믿음을 갖지 못했고 불평했고 광야에서 넘어져 죽었다. 기적을 추구하지 말라. 기적이 믿음을 보장하진 못한다.

기적이 믿음을 보장하지는 않는다는 주장은 맞는 말이다. 그러나 기적 그 자체는 가치가 있다. 기적이 믿음을 보장하지는 않지만, 믿음을 일으키는 요인은 될 수 있다. 문제는 기적을 일으키신 하나님이나 예수이 아니라, 기적을 체험한 이스라엘과 군중들에게 있다.

이스라엘 백성들의 오류는 그들의 믿음을 오직 눈에 보이는 기적들 위에 구축했다는 사실이다. 그들은 기적이 없는 한 하나님을 믿을 수 없었다. 그들은 기나긴 광야생활을 믿음으로 인내할 수 없었다. 광야에서 만나는 모든 문제는 기적적으로, 조금도 지체 없이 해결되어야만 했다. 그렇지 않다면 곧바로 그들의 입에서는 불평이 터져 나왔다.

문제는 일상과 비범 사이에서의 균형이다. 우리는 기적을 통해서 하나님을 만난다. 동시에 일상적인 삶에서도 하나님의 임재를 느낄 수 있다. 이런 의미에서 유진 피터슨이나 폴 스티븐슨, 그리고 리차드 포스터 등 일부 영성신학자들이 주장하는 생활영성의 가르침도 그 가치가 있다. 극적이고 감각적이고 체험적인 신앙생활에서뿐만 아니라, 우리가 숨쉬는 일상적인 현실 가운데에서도 하나님을 만나야 한다는 것이다.

신자들마다 나름대로의 독특한 영성의 색깔들이 있다. 어떤 이는 감각적이고 은사주의적인 하나님 체험을 좋아한다. 어떤 이는 조용하게 말씀을 묵상하기를 더 좋아한다. 주님이 주신 자신만의 영적 기질들은 존중되어야 하지만, 너무 극단적으로 치우치는 것은 문제가 있다.

너무 이성적이고 영적인 세계에 무딘 신자들은 불처럼 임하는 성령님을 만날 필요가 있다. 너무 기적중심적 신앙에 젖어 있는 신자들은 말씀과 일상적인 삶 가운데에서도 여전히 역사하시는 하나님도 인정해야 한다. 단조롭고 평범한 일상적인 삶 속에서 주님을 만나는 것이다.

따라서 뜨거운 기도원이 아닌, 서류가 잔뜩 쌓인 사무실에서도 우리는 주님을 만나야 한다. 땀 흘리며 정신없이 뛰어다니는 비즈니스 세계 한복판에서도 우리는 함께 동행하시는 하나님을 만나야 한다. 저녁노을이 지는 바닷가에서도 우리는 성령의 세미한 음성을 들을 수 있고, 오랜만에 떠나는 휴가의 여정 속에서도 우리는 하나님을 경험할 수 있다는 것이다.

이스라엘 백성들은 비범한 성막과 평범한 자신들의 천막집들 사이를 끊임없이 왕래해야 했다. 따라서 거룩하신 하나님이 비범한 성막 안에서만 존재하시는 것이 아니라, 죄악으로 가득 찬 그들 삶의 한복판에서도 여전히 존재하심을 믿는 일상적인 신앙을 소유했다면, 그들의 광야여정은 완전히 달라졌을 것이다.

만약 그들이 눈에 보이는 기적적인 장소에서만 아니라, 힘들고 참고 견뎌야만 하는 삶의 현장에서도 여전히 은혜를 베푸시는 하나님이심을 깨달았다면, 그들의 광야의 삶은 달라졌을 것이다.

만일 그들이 성공하는 삶의 현장에서만 하나님이 역사하시는 분이 아니라, 실패하는 삶의 과정속에서도 하나님이 함께 계심을 믿었다면, 그들은 광야에서 불신앙 가운데 그렇게 허망하게 죽어가진 않았을 것이다.

우리의 영성이 초자연적인 하늘에 속한 영성이 되어야 하지만, 우리의 육신은 여전히 땅에 있음을 깨달아야 하고, 주님은 하늘과 땅의 모든 것들을 다스리시는 분이심도 깨달아야 한다. 즉 예수 그리스도 안에서 균형 잡힌 영성을 소유해야 한다는 것이다.

성막은 그 균형잡힌 영성의 세계를 오늘도 우리에게 가르쳐 주고 있다.

이 책을 마치며

이야기 속으로 10

하나님의 집, 성막이 저 멀리 내려다보이는 낮은 언덕 경사진 곳에 스엘과 스엘의 아버지 르엘이 나란히 함께 서 있었다. 뜨거웠던 한낮의 열기가 어느 정도 식어지면서 서서히 어둠이 내리기 시작할 무렵이었다.

그들은 아직도 하늘을 향해 치솟아 오르는 번제단의 검은 연기를 바라보면서, 그리고 그 성막 위에 신비스럽게 내려앉은 구름기둥을 바라보면서 아버지와 아들은 한동안 말을 잊고 있었다.

스엘은 이전에 성막을 찾아가 제사장에게 질문했던 그 질문들을 머릿속에 다시 떠올리며, 아버지를 물끄러미 올려다 보았다.

"아버지, 저 번제단의 연기는 우리가 가나안 땅에 도착하면 그때는 멈추게 되나요?"

"글쎄…."
르엘이 조용히 대답했다.
"아버지, 우리 이스라엘 백성들은 날마다 짓는 그 죄악으로부터는 영원히 해방될 수는 없나요?"
"………."
르엘은 말이 없었다. 그들은 알 수가 없었다.
어느 때에 성막의 제사가 사라지게 될지,
어느 때에 죄로부터 진정한 자유함을 얻게 될지,
어느 때에 완전한 회복과 치유가 이루어지게 될지,
어느 때에 인간의 눈에 맺힌 고통과 눈물이 영원히 없어지게 될지.
오직 하나님만이 알고 계셨다.
오직 하나님만이 보고 계셨다.
스엘과 아버지 르엘이 지금 내려다 보고 있는 그 성막 그 너머로
희미한 십자가의 그림자가 다가오고 있음을…,
지극히 사랑하는 독생자의 그 순종과 대속의 십자가, 그리고
그 십자가 너머 영광의 구름을 타고 다시 오시는 그분의 아들을
하나님은 다시 보고 계셨다.
그 재림 이후 천년왕국을 넘어 영원한 천국,
새 예루살렘 성의 아름다운 모습까지.
우주 안에서 가장 아름답고 장엄한 그리스도의 신부의 그 모습까지.

이것들을 증거하신 이가 가라사대 내가 진실로 속히 오리라 하시거늘 아멘 주 예수여 오시옵소서(계 22:20).

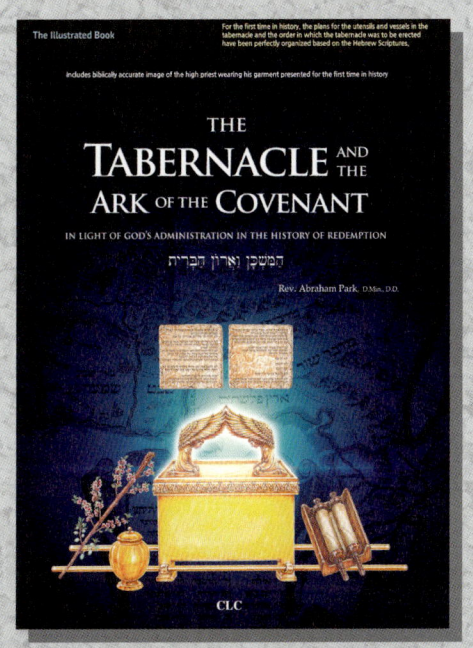

The Illustated Book
THE TABERNACLE AND THE ARK OF THE COVENANT
IN LIGHT OF GOD'S ADMINISTRATION

IN THE HISTORY OF REDEMPTION

Rev. Abraham Park 지음 ㅣ 국배판 ㅣ 104면

성막, 언약궤, 그 내부 시설과 도구들에 대하여 긴 설명 없이 단순하게 그림과 차트, 그리고 관련 성구들을 통해서만 설명했다. 그림들은 구조적이고 입체적이며 다채로와서 실물을 보는 듯하다. 또한 성경상의 치수를 미터법 등 일반적인 도량형으로 환산해서 표시하고 도구들을 재료별로 재배치하기도 하여 다각적으로 이해할 수 있도록 구성했다. 특별한 설명문이 없음에도 시각적 이해도를 높여 한눈에 보기에 좋고 쉽지만 풍성한 책이다.

밧모섬에서 바라본 황금의 집

The Golden Temple Seen at Patmos Island

2016년 05월 31일 초판 발행

지 은 이 | 위트니스 오

편   집 | 이종만 전희정
디 자 인 | 이수정 서민정 이재희
펴 낸 곳 | 밀알서원
등   록 | 제21-44호(1988. 8. 12)
주   소 | 서울시 서초구 방배로 68
전   화 | 02) 586-8761~3(본사) 031) 942-8761(영업부)
팩   스 | 02) 523-0131(본사) 031) 942-8763(영업부)
홈페이지 | www.clcbook.com
이 메 일 | clckor@gmail.com
온 라 인 | 기업은행 073-003562-02-046 예금주: 박영호 (밀알서원)

ISBN 978-89-7135-063-8 (03230)

* 낙장 · 파본은 교환해 드립니다.

총 판 처 | 사) 기독교문서선교회

이 도서의 국립중앙도서관 출판시 도서목록(CIP)은 서지정보유통지원시스템 홈페이지(http://seoji.nl.go.kr)와 국가자료공동목록시스(http://www.nl.go.kr/kolisnet)에서 이용하실 수 있습니다.
(CIP제어번호: CIP2016010867)